陈瓘研究

郭志安 著

东南大学出版社
SOUTHEAST UNIVERSITY PRESS
·南京·

图书在版编目(CIP)数据

陈瓘研究 / 郭志安著. -- 南京：东南大学出版社，
2024.12. -- ISBN 978-7-5766-1656-9

Ⅰ. K827=441

中国国家版本馆 CIP 数据核字第 2024TV5548 号

责任编辑：陈 淑　　责任校对：张万莹　　封面设计：毕 真　　责任印制：周荣虎

陈 瓘 研 究

著　　者：郭志安
出版发行：东南大学出版社
社　　址：南京四牌楼 2 号
网　　址：http://www.seupress.com
出 版 人：白云飞
经　　销：全国各地新华书店
印　　刷：广东虎彩云印刷有限公司
开　　本：700 mm×1 000 mm　1/16
印　　张：11
字　　数：180 千字
版　　次：2024 年 12 月第 1 版
印　　次：2024 年 12 月第 1 次印刷
书　　号：ISBN 978-7-5766-1656-9
定　　价：65.00 元

本社图书若有印装质量问题,请直接与营销部联系。电话(传真):025-83791830。

本书获教育部人文社会科学重点研究基地河北大学宋史研究中心建设经费、河北大学中国史"双一流"学科建设经费、河北大学燕赵文化高等研究院学科建设经费资助

目 录

绪论 / 001

第一章 《宋史·陈瓘传》的相关考补 / 009
  第一节 陈瓘生卒年考订 / 010
  第二节 陈瓘仕履变迁考补 / 015
  第三节 陈瓘著述补订 / 021

第二章 陈瓘在宋哲宗朝的主要政治活动 / 025
  第一节 陈瓘与元祐年间新、旧党争 / 026
  第二节 陈瓘"消朋党,持中道"与"若稽古"之论 / 034
  第三节 陈瓘、章惇关系之演变 / 043

第三章 陈瓘在宋徽宗朝的主要政治活动 / 053
  第一节 陈瓘与"绍述之党""元祐之党"斗争的消涨 / 054
  第二节 陈瓘、曾布关系之演变 / 070
  第三节 陈瓘与蔡京的长期抗争及入"元祐党籍" / 078

第四章 陈瓘政治、学术思想的演变 / 089
  第一节 陈瓘政治思想的演变 / 090

第二节　陈瓘对王安石及其变法、学术的由扬到贬
　　　　——从《日录辨》《合浦尊尧集》到《四明尊尧集》　/　096

第五章　陈瓘的学术师承、交游和传人　/　117
　　第一节　陈瓘的学术师承　/　118
　　第二节　陈瓘的学术交游　/　124
　　第三节　陈瓘的学术传人　/　131

第六章　宋代以来官方、士大夫对陈瓘的追褒和评价　/　137
　　第一节　宋代以来官方对陈瓘的追褒和评判　/　138
　　第二节　杨时对陈瓘的评价　/　142
　　第三节　朱熹对陈瓘的评价　/　146
　　第四节　宋代以来其他士大夫对陈瓘的评价　/　152

结语　/　159

参考文献　/　163

后记　/　168

绪 论

一、研究的缘起

本书是围绕北宋后期陈瓘这一历史人物而开展的相关个案研究。

陈瓘,字莹中,号了翁、了斋、了堂,北宋南剑州沙县(今福建沙县)人。他生于嘉祐二年(1057),在元丰二年(1079)考中进士甲科后步入仕途,历仕宋神宗、宋哲宗、宋徽宗三朝。而自宋神宗朝至宋徽宗朝这一时期,是北宋政局发展颇为跌宕起伏的一个重要阶段。在这一阶段,北宋内部先后历经王安石变法、元祐更化、绍述新政以及宋徽宗年间的建中靖国之政、册立元祐党籍碑等一系列重大政治事件,这种政局的频仍变动也成为"中国古代史上特别醒目而又令人眼花缭乱的一页"①。

贯穿于北宋后期政局变迁中的一条主线,即围绕着王安石及其变法而展开的或否定或肯定的反反复复的激烈政治斗争。在这种复杂政局变迁之中,陈瓘的政治活动、命运也与之紧密联系在一起。在绍圣时期重新上台的新党集团极力打击、报复元祐旧党的形势下,陈瓘先后向章惇等人提出"消朋党,持中道""若稽古"等政治主张,以图借此来缓和新党、旧党之间的政治积怨,但均未被执政新党采纳。同时,陈瓘由于他所主张的反对绍述等相关言论而被贬至沧州、卫州等地任地方官。到元符三年(1100)宋徽宗即位后,陈瓘得以还朝,历任左正言、右司谏等职,并会同邹浩、丰稷、龚夬等台谏官一

---

① 罗家祥:《元祐新旧党争与北宋后期政治》,《中国史研究》1989年第1期。

道,极论章惇、蔡卞、曾布、蔡京等权臣。在陈瓘更多地以台谏官的身份先后同章惇、蔡卞、曾布、蔡京等人开展长期政治斗争的过程中,其仕途发展也是历经坎坷,尤其是到宋徽宗、蔡京集团专权时期,更是被列入元祐党籍碑名单之内而辗转于多处贬所,直至最终卒于楚州。

在陈瓘被贬的过程中,他在崇宁、政和年间先后完成《合浦尊尧集》和《四明尊尧集》,这标志着他对王安石及其变法前后截然不同评价的形成。在《合浦尊尧集》中,陈瓘对王安石从才能、人品到学术等多方面都推崇备至,将之置于极高的地位而加以评价;相对地,他在该书中对蔡卞大力鞭挞,认为蔡卞私自篡改《王安石日录》,并主要依据经其篡改后的《王安石日录》来编修《神宗实录》。在《四明尊尧集》中,陈瓘却一改前论,转而将批判的矛头直指王安石,自多方面对王安石予以否定。陈瓘身上发生的这种重大转变,与北宋后期政局的激烈变迁和陈瓘政治、学术思想的变化密切相关。在宋神宗朝至北宋末新、旧两党愈演愈烈的政治斗争发展中,陈瓘的政治活动同新、旧两党之间的争斗始终紧密交织在一起。同时,伴随着这种政治斗争、政治局势的起伏,陈瓘的政治立场、主张以及学术思想也发生了重要变化:在政治方面,其立场、观念逐渐由最初的保持中立而转向元祐旧党一方;在学术思想方面,经历了从倾慕王安石荆公新学向笃心二程洛学的重大演变。应当说,这种转变也是与陈瓘所处的政治环境、历史时代紧密相联的。而从陈瓘自身来讲,其政治立场、主张与学术所承也是密切关联、相互影响的。

随着宋钦宗朝执政政策的变化,宋廷开始对陈瓘予以身后追褒。尤其是随着南宋初期将北宋亡国之祸归罪于王安石及其变法、学术这一政治风向、局势的形成,陈瓘更因其《四明尊尧集》痛诋王安石及其变法、学术而获得宋廷官方的高度认可和士大夫的诸多赞誉。自北宋末期到南宋初期,宋朝内部的政治局势进一步发生着较大变动,同时王安石新学的地位开始下降、理学的地位则逐渐上升。这些新变化也导致陈瓘及其《四明尊尧集》等著述在很大程度上被作为一种政治、学术符号而获得宋廷的认同和利用。宋廷这种官方态度、立场的转变,也对后世官方、士大夫对陈瓘的评价、定位产生了重要影响。

综合来看,对陈瓘这位历史人物相关研究的开展,可自一侧面深化对北宋后期政策变动、有关政治人物的复杂关系等内容的探讨,因而有助于以此为切入点来较好地透视、探析北宋后期跌宕起伏的政治变迁。本研究的开展,主要即是基于上述相关认识而得以展开。

二、学界有关陈瓘的总体研究状况

目前学界对陈瓘的相关研究相对而言已有较多成果。有关陈瓘的研究成果大致可分为如下几个方面:

第一,对陈瓘有关政治活动的探讨。这是较多学者关注的侧重点之一,有关的研究成果也较为丰富。其中,陈乐素《流放岭南的元祐党人》[①]一文,对陈瓘在崇宁初期被列入"元祐党籍"后在岭南期间辗转于多处贬所,先后著《合浦尊尧集》《四明尊尧集》而对蔡卞、王安石等人极力加以鞭挞,直至最终卒于宋廷对其的钳制之中这些情况,主要集中在党争的背景之下给予了一定的探讨;阮廷焯《从〈陈忠肃公年谱汇校补遗(简本)〉试观其从政生活及当时党争之烈》[②]一文,主要自校勘学、史料学的角度集中对《宋陈忠肃公言行录》和《永乐大典》中分别收录的陈瓘年谱进行了互校和补正,由此对有关陈瓘年谱的部分记载失误给予了一定的纠正,同时借此对陈瓘在当时复杂党政环境下的相关政治活动进行了一定的探析;李华瑞《从〈续资治通鉴长

[①] 陈乐素:《求是集》第二集,广州:广东人民出版社,1984年;另载于中国社会科学院历史研究所:《宋辽金史论丛》第一辑,北京:中华书局,1985年。

[②] 阮廷焯:《从〈陈忠肃公年谱汇校补遗(简本)〉试观其从政生活及当时党争之烈》,《国际宋史研讨会论文集》,台北:文化大学出版部,1988年,第329-354页。

编)注文看李焘对王安石变法及其新法的态度》①一文,对李焘在《续资治通鉴长编》注文中大量引用陈瓘的观点以佐证自己对熙丰新法的观点这种现象进行了较深入的探析;孔学《王安石〈日录〉与〈神宗实录〉》②一文,较为全面、细致地考察了陈瓘对《王安石日录》的批判经历了由《日录辨》《合浦尊尧集》到《四明尊尧集》这一逐步深入的发展演变过程,这也对本研究的开展多有启迪和帮助;张其凡、金强《陈瓘与〈四明尊尧集〉——北宋哲徽之际党争的一个侧面考察》③一文,探讨了陈瓘在宋徽宗年间针对新党大臣章惇、曾布、蔡卞、蔡京等人的弹劾以及被贬遭遇、先后两次撰写《尊尧集》而转为对新学和新党的肆意攻击的史实,认为这对北宋后期的党争自政治分歧向意气之争、人身攻击的转化发挥了恶化作用;陈秋妮、马茂军《陈瓘及其稽古思想研究》④一文,对陈瓘政治学术在北宋的地位以及对稽古的重新倡导、内涵给予了概括性探讨;阮怡《新历史主义视野下的王安石形象的书写——以〈老学庵笔记〉与〈四明尊尧集〉为例》⑤一文,对《老学庵笔记》中对王安石的推崇备至、《四明尊尧集》中对王安石的极力贬斥进行了简要的对比探讨。

第二,对陈瓘有关学术、思想的探讨,这也是相关研究的另一个重要关注点。如连凡《论〈宋元学案〉对二程弟子的评价——以尹焞、王苹、吕大临、陈瓘、邹浩为例》⑥一文,对陈瓘的学术渊源、全祖望对陈瓘三教合一论的批判有着比较简要的涉及;吴增辉《北宋后期的政治变动与陈瓘晚年由儒而佛

---

① 李华瑞:《从〈续资治通鉴长编〉注文看李焘对王安石变法及其新法的态度》,《文史》2001年第2辑;本文后收入《宋史论集》,保定:河北大学出版社,2001年。
② 孔学:《王安石〈日录〉与〈神宗实录〉》,《史学史研究》2002年第4期。
③ 张其凡、金强:《陈瓘与〈四明尊尧集〉——北宋哲徽之际党争的一个侧面考察》,《浙江大学学报》2004年第3期。
④ 陈秋妮、马茂军:《陈瓘及其稽古思想研究》,《安康学院学报》2014年第1期。
⑤ 阮怡:《新历史主义视野下的王安石形象的书写——以〈老学庵笔记〉与〈四明尊尧集〉为例》,《江西科技师范大学学报》2016年第4期。
⑥ 连凡:《论〈宋元学案〉对二程弟子的评价——以尹焞、王苹、吕大临、陈瓘、邹浩为例》,《安康学院学报》2017年第5期。

的思想嬗变》①一文,探讨了陈瓘在其仕途发展中由于接连遭贬、对新党执政举措和效果不满而展开对新党的严厉批判,并由此进一步深化为对王安石政治学术观念的彻底否定,思想由儒学向佛学转变,但值得注意的是,该文对部分史料的解读和运用值得商榷;黄文翰《陈瓘佛学思想管窥》②一文,对陈瓘染指禅学并关注佛教其他宗派、与众多禅僧多有交往等方面有着较为集中的探讨;武建雄《宋代"稽古之学"考论及其学术史意义——从陈瓘奏议说开去》③一文,主要自学术史角度对陈瓘在宋代"稽古之学"发展中的主张、作用给予了相应探讨;张家伟《从政事到学术:徽宗时期王安石批判的重心转变》④一文,对北宋晚期批判王学新动向的形成过程进行了考察,其中对陈瓘针对王安石的批判也多有涉及;张健《从配享到削祀:王安石的孔庙位次与王学升降》⑤一文,对陈瓘反对王安石配享及其对王学所开展的政治批判多有探讨。

第三,对陈瓘有关著述的探讨,也获得相关学者的较大关注。如孔学《王安石日录辑校》⑥一著,以中华书局标点本《续资治通鉴长编》作为主要蓝本,同时参考《续资治通鉴长编拾补》《宋史》《龟山集》等多种史籍,开展了对《王安石日录》的辑校,可在史料搜集等方面对有关陈瓘研究的开展提供较多便利;金雷磊《陈瓘〈尊尧集〉的出版控制与作者心态》⑦一文,集中对宋徽宗年间朝廷针对《四明尊尧集》传播的严密控制以及陈瓘由此所遭受的诸多

---

① 吴增辉:《北宋后期的政治变动与陈瓘晚年由儒而佛的思想嬗变》,《河北科技大学学报》2018年第4期。
② 黄文翰:《陈瓘佛学思想管窥》,《新宋学》2018年第七辑。
③ 武建雄:《宋代"稽古之学"考论及其学术史意义——从陈瓘奏议说开去》,《北京社会科学》2019年第5期。
④ 张家伟:《从政事到学术:徽宗时期王安石批判的重心转变》,《华东理工大学学报》2021年第5期。
⑤ 张健:《从配享到削祀:王安石的孔庙位次与王学升降》,《北京大学学报》2022年第3期。
⑥ 王安石原著;孔学辑校:《王安石日录辑校》,成都:四川大学出版社,2015年。
⑦ 金雷磊:《陈瓘〈尊尧集〉的出版控制与作者心态》,《许昌学院学报》2018年第11期。

迫害进行了相应探讨;杨高凡《〈宋陈忠肃公言行录〉版本考》①一文,认为目前流传的《宋陈忠肃公言行录》仅有嘉靖二十六年(1547)校正本、嘉靖二十九年(1550)本、光绪十五年(1889)本,并指出光绪十五年本最优;杨高凡《宋代陈瓘及其作品考辨》②一文,在《四明尊尧集》《宋陈忠肃公言行录》基础上同时参考其他多种史籍记载,对陈瓘的生卒年及其与陈渊的关系予以考订,并对陈瓘的部分作品进行了辨伪。

第四,在对陈瓘的综合性探讨方面,也取得了一定的研究成果。如张其凡、金强《陈瓘年谱》③一文,参考多种史籍对陈瓘的家世、生平、交游、著作等情况给予了较好梳理;杨高凡《陈瓘年谱》④一文,对陈瓘的家族世系、年谱及其身后相关情况进行了较为详尽的梳理和考订;陈亚玲《陈瓘与〈四明尊尧集〉研究》⑤一文,对陈瓘的生平和著述给予了相应考订,同时集中对《四明尊尧集》的成书和版本流传、主要内容、文献价值展开探讨;屈亚楠《两宋之际陈渊研究》⑥一文,对陈渊在政治、学术等方面所受陈瓘的影响进行了相应探讨。

第五,从国外史学界来看,有关陈瓘的相关研究也取得了一定的研究成果,其中主要以日本学者的成果最为突出。如荒木见悟《陈瓘について》⑦一文,对陈瓘的思想变迁给予了概括性探讨;平田茂树《有关〈王安石日录〉的研究》⑧一文,集中考察了陈瓘《四明尊尧集》与《王安石日录》的关系,同时认为《四明尊尧集》的有关内容在一定程度上可以弥补《王安石日录》的部分缺失。这些成果,可以说代表了目前为止国外学术界对陈瓘研究相关成果的

---

① 杨高凡:《〈宋陈忠肃公言行录〉版本考》,《青年文学家》2019 年第 35 期。
② 杨高凡:《宋代陈瓘及其作品考辨》,《河北大学学报》2020 年第 1 期。
③ 张其凡、金强:《陈瓘年谱》,《暨南史学》2002 年第一辑。
④ 杨高凡:《陈瓘年谱》,《宋史研究论丛》2020 年第一辑。
⑤ 陈亚玲:《陈瓘与〈四明尊尧集〉研究》,华东师范大学 2021 年硕士学位论文。
⑥ 屈亚楠:《两宋之际陈渊研究》,上海师范大学 2022 年硕士学位论文。
⑦ 荒木见悟:《陈瓘について》,《中国思想史の诸相》,福冈:中国书店,1989 年。
⑧ 平田茂树:《有关〈王安石日录〉的研究》,2002 年兰州国际宋史研讨会提交论文。

主体。

通过以上对有关陈瑾现有研究成果的大致梳理,可以看出:一方面,已有不少研究自不同角度、视野对陈瑾给予了程度不同的关注和探讨,并取得了较好的研究推进;另一方面,目前尚未出现对陈瑾这位历史人物从总体上加以综合性探讨的相关成果,同时对陈瑾政治、学术思想的转变等方面的研究或是尚未涉及,或是不够深入,或是存在一定的失误。基于对目前这样一种研究现状的认识,本书尝试集中自政治史、学术史等角度进一步推进对陈瑾的综合考察和探讨,以期推进对陈瑾相关研究的完善和深化。

第一章 《宋史·陈瓘传》的相关考补

《宋史》向来以卷帙浩繁而著称,但同时又具有繁芜杂乱的典型特征。具体到《宋史·陈瓘传》部分,其对陈瓘仕履、活动等内容的记载即存在着一定的讹误。本章主要针对《宋史·陈瓘传》中记载错误的几个方面开展相应的考补,以有助于对后续相关内容进一步的探讨。

第一节　陈瓘生卒年考订

在诸多史籍中,围绕着陈瓘的生卒年这一问题存在诸多的分歧和抵牾。在参考相关史籍记载的基础上,本节试对陈瓘的生卒年开展一定的考订。①

首先是陈瓘的生年问题。《宋史·陈瓘传》传末明确记载,陈瓘"宣和六年(1124)卒,年六十五"②。依照宋人生卒年限的计算惯例,陈瓘应是宋仁宗嘉祐五年(1060)出生,即其生卒年似乎应为嘉祐五年至宣和六年(1060—1124)。清代学者李清馥所著《闽中理学渊源考》也采用了陈瓘"宣和六年

---

①　关于陈瓘的生卒年问题,杨高凡在《宋代陈瓘及其作品考辨》一文中指出,关于陈瓘的生年目前主要存在着嘉祐二年(1057)、嘉祐五年(1060)、嘉祐七年(1062)三种说法,而关于陈瓘的卒年目前则主要存在着宣和二年(1120)、宣和四年(1122)、宣和六年(1124)、靖康元年(1126)四种(实为前三种)说法。参见杨高凡:《宋代陈瓘及其作品考辨》,《河北大学学报》2020年第1期。

②　脱脱,等:《宋史》卷345《陈瓘传》,北京:中华书局,1985年,第10964页。

(1124),卒于楚州,年六十五"①这一记载。相对于此,在吕本中《童蒙训》等史籍中,则将陈瓘的生年界定为嘉祐二年(1057)。如《童蒙训》中记载:"陈莹中尝作《责沈文》送其侄孙几叟云:'予元丰乙丑夏,为礼部贡院点检官,适与校书郎范公淳夫同舍……时予年二十九矣。'"②元丰乙丑年即为元丰八年(1085),依据这一记载可推知陈瓘生于嘉祐二年(1057)。吕本中(1084—1145)的生活年代与陈瓘较为贴近,加之他又属于陈瓘的门人,因此相对而言这种记载的可信度还是比较高的。如此看来,史籍中对陈瓘生年的记载主要存有上述两说之异。《中国历史大辞典·宋史卷》在"陈瓘"这一词条内对陈瓘的生卒年限采取了"1057 或 1060—1124"③这种两说并存的处理方式。而《宋代人物辞典》中则明确标明其生、卒年分别为 1057 年和 1122 年④。

那么,有关陈瓘生年的两种说法究竟孰正孰误呢?除了前面谈到的相关史籍记载外,如《永乐大典》中也记载称,陈瓘"生于嘉祐丁酉(按:即嘉祐二年)之四月"⑤。另外,由陈瓘十三世孙陈载兴汇编而成的《宋陈忠肃公言行录》,则在首卷专门开列《年谱》,明确记载"宋仁宗嘉祐二年丁酉,公(陈瓘)于是岁四月生循州官舍"⑥,对陈瓘出生时间、地点的记载相对更为具体。因此,综合诸多史籍中的相关记载,基本可以将陈瓘的出生时间确定为嘉祐二年(1057)。

其次是陈瓘的卒年问题。结合前面对陈瓘生年的探讨,我们可在此基

---

① 李清馥撰;徐公喜、管正平、周明华点校:《闽中理学渊源考》卷 7《忠肃陈莹中先生瓘》,南京:凤凰出版社,2011 年,第 113 页。
② 吕本中撰;韩西山辑校:《吕本中全集·童蒙训》卷下,北京:中华书局,2019 年,第 1006 页;吕祖谦编著;黄灵庚、吴战垒主编:《吕祖谦全集·少仪外传》卷上,杭州:浙江古籍出版社,2008 年,第 5 页。
③ 中国历史大辞典·宋史卷编纂委员会编:《中国历史大辞典·宋史卷》"陈瓘"条,上海:上海辞书出版社,1984 年,第 242 页。
④ 杨倩描主编:《宋代人物辞典》"陈瓘"条,保定:河北大学出版社,2015 年,第 59 页。
⑤ 解缙等:《永乐大典》卷 3143《九真·陈瓘》,北京:中华书局,1986 年,第 1851 页。
⑥ 陈大濩校正;陈载兴编辑;陈懋贤重刊:《宋陈忠肃公言行录》卷 1《年谱》,国家图书馆藏嘉靖二十九年(1550)刻本。

础上进而对他的卒年开展相应考辨。有关陈瓘的卒年,《宋史·陈瓘传》中记载"宣和六年(1124)卒,年六十五"①。《东都事略·陈瓘传》中则只是简略记载陈瓘在接连受贬的末期"移楚州居住以卒,年六十五"②,未明确写出陈瓘去世的具体年份。朱熹《三朝名臣言行录》中也称,陈瓘徙居楚州之后在宣和六年(1124)卒于此地,"……令居南康军,徙楚州。宣和六年,卒"③。杨仲良《续资治通鉴长编纪事本末》中则明确记载:"(宣和)六年二月辛丑,承事郎、管勾太平观陈瓘卒。"④与这些记载相似,《宋史全文》中也记载"(宣和六年)二月辛丑,承事郎、楚州居住陈瓘卒"⑤。同时,宋人魏了翁《鹤山集》、陈均《九朝编年备要》、吕中《宋大事记讲义》等史籍中,也分别记载"宣和之六年而公(陈瓘)卒"⑥"(宣和六年)二月,陈瓘卒(于楚州)"⑦"(宣和)六年二月,陈瓘卒"⑧。另如元代人俞琰《读易举要》、明代人陈载兴《宋陈忠肃公言行录》中所记"(陈瓘)宣和六年卒"⑨"宣和六年甲辰,公年六十八,二月卒于楚州"⑩,也采用了陈瓘卒于宣和六年这一说法。

此外,对于陈瓘卒殁一事,王明清《挥麈录》中也有如下记载:

---

① 《宋史》卷345《陈瓘传》,第10964页。
② 王称撰;吴洪泽笺证:《东都事略笺证》卷100《陈瓘传》,上海:上海古籍出版社,2023年,第1079页。
③ 朱熹:《八朝名臣言行录·三朝名臣言行录》卷13之3《谏议陈忠肃公》,《新订朱子全书(附外编)》第12册,上海:上海古籍出版社,2022年,第822页。
④ 杨仲良撰;丁建军点校:《〈续资治通鉴长编纪事本末〉点校》卷129《陈瓘贬逐》,郑州:中州古籍出版社,2023年,第1436页。以下《〈续资治通鉴长编纪事本末〉点校》简称《〈长编纪事本末〉点校》,《续资治通鉴长编纪事本末》简称《长编纪事本末》。
⑤ 汪圣铎点校:《宋史全文》卷14,宣和六年二月辛丑,北京:中华书局,2016年,第977页。
⑥ 魏了翁:《鹤山集》卷63《跋陈忠肃公帖》,影印文渊阁四库全书,台北:台湾商务印书馆,1986年,集1173-49。
⑦ 陈均:《九朝编年备要》卷29,宣和六年二月,影印文渊阁四库全书,台北:台湾商务印书馆,1986年,史328-802。
⑧ 吕中撰;张其凡、白晓霞整理:《类编皇朝大事记讲义》卷21《善类日涸》,上海:上海人民出版社,2014年,第386页。
⑨ 俞琰:《读易举要》卷4《古文周易十二篇》,影印文渊阁四库全书,台北:台湾商务印书馆,1986年,经21-462。
⑩ 陈载兴:《宋陈忠肃公言行录》卷1《年谱》。

> 宣和庚子,蔡元长当轴,外祖曾空青守山阳。时方腊据二浙,甚炽。初,元长怨陈莹中,以陈尝上书诋文肃,编置郡中,欲外祖甘心焉。既至,外祖极力照瞩之。适莹中告病,外祖即令医者朝夕诊视,具疾之进退,与夫所俱药饵申官……已而朝廷遣淮南转运使陆长民体究云:"盗贼方作,未审陈瓘之死虚实。"外祖即以案牍缴奏以闻,人始服先见之明。①

王明清此则材料,所记误漏颇多。姑且不论验之以陈瓘、蔡京二人当时势如水火的紧张关系,曾空青对陈瓘的"极力照瞩"恐怕即与事实严重不符,在陈瓘的卒殁时间这一方面也与实际情况存在着较大出入。对于后者,李心传在其《旧闻证误》中即曾就此予以辩误,认为:"……此尤谬误。按《国史》,宣和二年,方腊反时,陈忠肃在南康,有飞语云:'其子婿为贼所得,欲以为相。'诏移楚州居住,命守臣察之。"同时,李心传又进而指出,实情则是"(宣和)六年春,忠肃卒于楚,(方)腊平久矣"②。这样,李心传在此即指出了王明清《挥麈录》中对陈瓘卒年记载的失误,由此将陈瓘卒年定于宣和六年(1124)春。从上述诸多史籍的相关记载来看,陈瓘的卒年更多地是被定格在宣和六年。

但是,陈瓘卒于宣和六年这种说法是否就比较准确呢?这恐怕还需做进一步的考辨。陈渊在其《默堂集》中曾称:"维宣和四年三月庚申朔十二日辛未,具位翁某谨以清酌庶馐之奠,致祭于致政奉议陈公之灵。"③此记载也可被视为陈瓘卒于宣和四年(1122)的有力佐证之一,其准确性、可信度应该是较高的。而在陈瓘去世后,他的家乡(南剑州沙县)乡人在建炎四年

---

① 王明清:《挥麈录·后录》卷8《曾空青极力照瞩陈莹中》,上海:上海书店出版社,2001年,第141-142页。
② 李心传撰;崔文印点校:《旧闻证误》卷3,北京:中华书局,1981年,第44页。
③ 陈渊:《默堂集》卷21《代翁子静祭奉议叔祖文》,影印文渊阁四库全书,台北:台湾商务印书馆,1986年,史1139-524。

(1130)时为其创建祠堂以示纪念。当时,杨时也曾应陈瓘乡人的邀请而专门撰写《陈忠肃公祠记》。这一"祠记"中即谈到陈瓘"名隶党籍二十余年"①。鉴于杨时、陈瓘二人之间这种亦师亦友的密切关系,这一说法应该是比较准确的。而陈瓘在崇宁元年(1102)五月被列入"元祐党籍"中,如果按照杨时的这一说法来加以推算的话,那么陈瓘也应是在宣和四年(1122)后去世。此外,林表民在《赤城集》中称:"政和癸巳,黄岩隐士左纬经臣夏诗访(陈)瓘于宝城,方丈语及大略,经臣勉(陈)瓘纪之。越十载,先生之门人陈公辅遽以即世告,(陈)瓘发缄恸绝,亟起为之书,谨授介绍,俾藏之泮宫以诏来者作传。"②政和癸巳为政和三年(1113),由此而下延10年,即当为宣和四年(1122)。依据这一记载所反映出的信息来看,至少宣和四年初陈瓘尚在人世。这一记载,在一定程度上也可被视为有关陈瓘卒年信息的一个佐证。不仅如此,清代人苏之琨所撰的《陈了翁先生集序》中更是针对陈瓘的卒年问题指出:"……即生卒年月参差不一。幸而明季墓碣偶出,得以征信……先生墓在广陵禅智寺前,予昔曾展谒焉。《宋史》称宣和四年卒,年六十六,今载兴《年谱》作六十八者,误也。"③据此可知该墓志是将陈瓘的卒年系于宣和四年。相较于其他诸多史籍中对陈瓘卒年这一问题记载的混乱,苏之琨则借助于所见陈瓘墓志对此给予了纠正,从而也就为长期以来有关陈瓘卒年的众说纷纭给出了明确解答。

---

① 国家图书馆善本金石组编:《历代石刻史料汇编》卷9《陈忠肃公祠记》,北京:北京图书馆出版社,2000年,第390页;《三朝名臣言行录》卷13《谏议陈忠肃公》中也记载:"(陈瓘)名隶党籍余二十余年,转徙道途无宁岁,卒以穷死。"
② 林表民:《赤城集》卷16《有宋八行先生徐公事略》,影印文渊阁四库全书,台北:台湾商务印书馆,1986年,集1356-755。
③ 苏之琨:《陈了翁先生集序》,《宋忠肃陈了斋四明尊尧集》,顾廷龙主编《续修四库全书》第448册,上海:上海古籍出版社,2002年,第354页。苏之琨在此所称《宋史》,与目前所常见的中华书局点校本《宋史》,恐非同一底本。杨高凡在《宋代陈瓘及其作品考辨》一文中也指出,"苏之琨所谓的'载兴《年谱》',应是指嘉靖二十六年本或二十九年本言行录中的《年谱》。光绪十五年再刊言行录时,陈瓘《年谱》已经订正为'宣和四年卒''年六十六'"。另外,对于苏之琨所见陈瓘"墓碣"、陈瓘自撰墓志二者之间的关系、异同,恐怕还有待做更进一步的深入考证。本部分对陈瓘卒年的考订,参考、吸收了杨高凡《宋代陈瓘及其作品考辨》等相关研究成果,特此予以说明和感谢。

综上所述,我们大致可以得出:陈瓘在嘉祐二年(1057)生于循州,宣和四年(1122)卒于楚州贬地,年六十六。《宋史·陈瓘传》中陈瓘"宣和六年卒,年六十五"的记载,应当说在陈瓘的出生、卒殁时间方面均存在着明显错误。

第二节 陈瓘仕履变迁考补

《宋史·陈瓘传》中对于陈瓘仕履变迁中的职务转换、转换时间等相关记载,也存在着一定的讹误。因此,借助其他相关史籍的记载(参见表1-1),对《宋史·陈瓘传》中有关陈瓘的仕履变迁加以相应的考订和纠正,对于厘清陈瓘仕履变迁的轨迹和脉络也是颇有必要的。

1. "父母勉以门户事,乃应举,一出中甲科。"

关于陈瓘参加科举考试并中进士甲科一事,《东都事略·陈瓘传》《宋史·陈瓘传》中均有记载,但在时间上却又都略而不记。朱熹《三朝名臣言行录》中明确记载,陈瓘"中元丰二年(1079)进士甲科"[①]。另魏了翁《鹤山集》中载:"了斋陈公以元丰己未(按:即元丰二年)擢进士三名。"[②]由此来看,陈瓘应是在元丰二年参加进士科考试并获取第三名,自此步入仕途。除此之外,林表民《赤城集》、俞琰《读易举要》中亦分别有陈瓘"元丰二年,忝一第"[③]"元丰二年登第"[④]的记载,这些可作为魏了翁对陈瓘中举一事记载的佐证。同时,彭百川所著《太平治迹统类》中也称:"(元丰二年)二月辛未,知举许将上合格进士朱浚明等。庚辰,御集英殿策试,遂赐时彦、陈瓘、朱浚

---

① 《八朝名臣言行录·三朝名臣言行录》卷13之3《谏议陈忠肃公》,《新订朱子全书(附外编)》第12册,第822页。
② 《鹤山集》卷63《跋陈忠肃公岳山寿宁观留题》,集1173-46。
③ 《赤城集》卷16《有宋八行先生徐公事略》,集1356-755。
④ 《读易举要》卷4《古文周易十二篇》,经21-462。

明、晁补之、家彬、张康国等三百四十八人及第出身。"①但考之于元丰二年（1079）二月，却并无辛未、庚辰之日。这样，所谓"二月辛未""庚辰"即应是三月辛未（第二日）、三月庚辰（第十一日），此处当属笔误或刊刻之误。如此看来，则陈瓘考中进士、赐第应均发生在元丰二年（1079）三月间。陈瓘的七世孙陈泽、十三世孙陈载兴先后编著的陈瓘年谱中，均载："元丰二年三月，上亲试举人状元时彦榜，（陈瓘）中进士甲科第三名。"②较之于《鹤山集》《赤城集》等史籍的记载，就陈瓘中进士举的时间、科举名次而言，彼此间是相互吻合的，可互为补充与印证。明代朱希召《宋历科状元录》卷四中的记载也足以说明这一点："（元丰二年）三月庚辰，御集英殿亲试礼部进士，赐时彦等三百四十四人及第、出身、同出身。"③并载时彦、陈瓘二人同为此榜进士，这一记载理应是沿袭宋人著述。综合这些记载，我们大致可以断定，陈瓘是在元丰二年（1079）三月应进士科举试，并考取甲科第三名。

2. "徽宗即位，召为右正言，迁左司谏。"

对于陈瓘官拜右正言的时间，《宋史·陈瓘传》与《三朝名臣言行录·谏议陈忠肃公》中的记载相同，即均为元符三年（1100）三月宋徽宗即位之初④。《东都事略·陈瓘传》中也有同样的记载："徽宗即位，（陈瓘）除右正言。"⑤徐自明《宋宰辅编年录》中也称："（元符）三年三月……承议郎、集贤校理、发遣卫州陈瓘为左正言，宣德郎、添监袁州酒税邹浩为右正言。"⑥而《九朝编年备

---

① 彭百川：《太平治迹统类》卷27《祖宗科举取人·神宗》，影印文渊阁四库全书，台北：台湾商务印书馆，1986年，史408-694。
② 《永乐大典》卷3143《九真·陈瓘》，第1852页；《宋陈忠肃公言行录》卷1《年谱》。
③ 朱希召编：《宋历科状元录》卷4《元丰二年己未状元时彦》，《北京图书馆古籍珍本丛刊》第21册，北京：书目文献出版社，1997年，第316页。
④ 《宋史》卷345《陈瓘传》，第10964页。
⑤ 《东都事略笺证》卷100《陈瓘传》，第1078页。
⑥ 徐自明：《宋宰辅编年录》卷11，元符三年四月甲辰"韩忠彦右仆射"条，转引自《丁未录》，《宋史资料萃编》第二辑，台北：台湾文海出版社，1967年，第878页。

要》中,同样记载:"(元符三年)三月,以龚夬为殿中侍御史,陈瓘、邹浩左、右正言。"①此外,陈瓘的后人陈泽及陈载兴先后所撰陈瓘年谱中也均记载:"元符三年三月,徽宗即位,(陈瓘)召拜左正言,曾布、韩忠彦所荐也。"②其对于陈瓘就任左正言一事的记载,与《宋宰辅编年录》等宋人所记基本相同。

从上述这些史籍记载来看,它们均将陈瓘就任左正言的开始时间系于元符三年三月,但又均未明确指出是三月的哪一天。相对于此,《长编纪事本末》中则明确记载:"元符三年三月甲戌(按:即三月七日),承议郎、权发遣卫州陈瓘为左正言。"③而彭百川《太平治迹统类》中的记载,却在具体时间上与《长编纪事本末》存有一定的差异:"(元符三年)三月甲午(按:即三月二十七日),以龚史〔夬〕为殿中侍御史,邹浩为右正言,陈瓘为左正言。"④这一时间节点,较之《长编纪事本末》晚了20天。这样看来,陈瓘被任命为左正言究竟为元符三年三月的哪一天,尽管依据现存史籍的记载已无法确定,但大致而言应是在元符三年三月之内,这一点基本上还是可以肯定的。相对而言,《宋史·陈瓘传》中所称陈瓘"徽宗即位,召为右正言",这一记载并不明确。比较准确地讲,则应是元符三年三月宋徽宗即位后,宋廷任命陈瓘为左正言。

陈瓘在元符三年三月间任左正言之后,在职任上是否又有新的调整与变化?从《宋史·陈瓘传》"徽宗即位,召(陈瓘)为右(应为'左')正言,迁左司谏"这一记载来看,根据前面的考订,则陈瓘应是在任左正言之后改任左司谏一职。那么,其改任的具体情况又是如何呢?《长编纪事本末》记载:"(元符三年)九月甲戌(按:即十一日),左正言陈瓘为右司谏。"⑤《东都事略·陈瓘传》中也称:"(元符三年)徽宗欲开言路,首还邹浩,而中丞安惇尚

---

① 《九朝编年备要》卷25,元符三年三月,史328-673。
② 《永乐大典》卷3143《九真·陈瓘》,第1853页;《宋陈忠肃公言行录》卷1《年谱》。
③ 《〈长编纪事本末〉点校》卷129《陈瓘贬逐》,第1430页。
④ 《太平治迹统类》卷24《元祐党事本末下》,史408-611。
⑤ 《〈长编纪事本末〉点校》卷129《陈瓘贬逐》,第1430页。

缘往事,欲格成命。(陈)瓘再上疏,力言宜召还浩,逐惇,以明黜陟。迁右司谏。"①考之于朱熹《三朝名臣言行录》,却记载陈瓘在宋徽宗即位后不久即"迁右司谏"②;《宋陈忠肃公言行录》中亦称"是月(按:即九月),公(陈瓘)除右司谏"③。综合如上这些史籍所记来看,《宋史·陈瓘传》所载陈瓘"迁左司谏"一事,也与实际情况并不相符。真实情况应该是,陈瓘在元符三年(1100)九月自左正言迁为右司谏。

这样,从宋徽宗即位初年陈瓘的仕途变迁来看,陈瓘应是经历了自左正言到右司谏的官职变迁,而并不曾担任右正言、左司谏之职。从宋代官员的品秩来看,左正言与右正言、左司谏与右司谏分别是相互等齐的,并不存在职位的高低之分。综合以上的考订来看,《宋史·陈瓘传》中对陈瓘"徽宗即位,召为右正言,迁左司谏"的记载应为"徽宗即位,召为左正言,迁右司谏"。

表 1-1　陈瓘仕履简表

时间	仕履	史料来源	备注
元丰二年(1079)三月	中进士甲科,"任招庆军掌书记,湖州学教授"	《宋陈忠肃公言行录》卷1《年谱》;《八朝名臣言行录·三朝名臣言行录》卷13之3《谏议陈忠肃公》	
元丰七年(1084)	任宣义郎、濠州定远宰	《永乐大典》卷3143《九真·陈瓘》,第1852页;《宋陈忠肃公言行录》卷1《年谱》	
元丰八年(1085)	礼部贡院点检官	《宋陈忠肃公言行录》卷1《年谱》	
元祐四年(1089)	签书越州判官、摄通判明州	《宋陈忠肃公言行录》卷1《年谱》	

---

① 《东都事略》卷100《陈瓘传》,第1078-1079页。
② 《八朝名臣言行录·三朝名臣言行录》卷13之3《谏议陈忠肃公》,《新订朱子全书(附外编)》第12册,第822页。
③ 《宋陈忠肃公言行录》卷1《年谱》。

(续表)

时间	仕履	史料来源	备注
绍圣元年（1094）	除太学博士	《宋陈忠肃公言行录》卷1《年谱》	提出"消朋党，持中道"之论
绍圣三年（1096）	除秘书省校书郎	《永乐大典》卷3143《九真·陈瓘》，第1852页；《宋陈忠肃公言行录》卷1《年谱》	进"若稽古"之论
绍圣四年（1097）四月乙未	以校书郎通判沧州	《续资治通鉴长编》①卷485，绍圣四年四月乙未，第11529页；《宋史全文》卷13下，绍圣四年四月乙未，第891页	谏阻林自等人毁《资治通鉴》雕版
绍圣四年（1097）十月甲午	宣德郎陈瓘充枢密院编修文字	《续资治通鉴长编》卷492，绍圣四年十月甲午，第11686页	
元符二年（1099）	移知卫州	《宋陈忠肃公言行录》卷1《年谱》	
元符三年（1100）三月	自权发遣卫州除左正言	《九朝编年备要》卷25，元符三年三月，史328-673；《永乐大典》卷3143《九真·陈瓘》，第185页；《资治通鉴后编》②卷93，元符三年三月甲戌，史343-715	曾布、韩忠彦等人所荐
元符三年（1100）九月辛巳	差监扬州粮料院	《宋史全文》卷14，元符三年九月辛巳，第921页	尚未赴任，即改他官
元符三年（1100）九月	除右司谏	《〈长编纪事本末〉点校》卷129《陈瓘贬逐》，第1430页；《宋陈忠肃公言行录》卷1《年谱》	弹罢章惇
建中靖国元年（1101）三月戊寅	承议郎、知无为军陈瓘为著作佐郎、实录院检讨官	《〈长编纪事本末〉点校》卷129《陈瓘贬逐》，第1431页；《宋史全文》卷14，建中靖国元年三月戊寅，第924页；《资治通鉴后编》卷94，建中靖国元年三月戊寅，史343-726	

---

① 李焘撰；上海师范大学古籍整理研究所、华东师范大学古籍整理研究所点校：《续资治通鉴长编》（以下简称《长编》），北京：中华书局，2004年。

② 徐乾学：《资治通鉴后编》，影印文渊阁四库全书，台北：台湾商务印书馆，1986年。

(续表)

时间	仕履	史料来源	备注
建中靖国元年(1101)七月丁卯	自著作郎除右司员外郎,辞实录检讨官	《资治通鉴后编》卷94,建中靖国元年七月丁卯,史343-729	
建中靖国元年(1101)七月甲寅	以右司员外郎出知泰州	《资治通鉴后编》卷94,建中靖国元年七月甲寅,史343-729	
建中靖国元年(1101)八月	自著作佐郎除右司员外郎兼权给事中	《宋陈忠肃公言行录》卷1《年谱》	进奏《日录辨》《国用须知》
建中靖国元年(1101)十月	罢权给事中	《通鉴续编》①卷11,建中靖国元年十月,史332-656	
崇宁元年(1102)五月	监建州武夷观	《宋陈忠肃公言行录》卷1《年谱》	
崇宁元年(1102)十月	坐党籍除名勒停,送袁州编管	《宋陈忠肃公言行录》卷1《年谱》	
崇宁二年(1103)正月乙酉	除名勒停,编管廉州	《〈长编纪事本末〉点校》卷121《禁元祐党人上》,第1347页;《宋陈忠肃公言行录》卷1《年谱》	三月,著《合浦尊尧集》②
崇宁五年(1106)正月	以星赦量移郴州	《宋陈忠肃公言行录》卷1《年谱》	
大观四年(1110)二月	通州安置	《宋陈忠肃公言行录》卷1《年谱》	其子陈正汇流沙门岛
大观四年(1110)十一月戊寅	诏通州安置人陈瓘与自便	《宋史全文》卷14,大观四年十一月戊寅,第946页	
政和元年(1111)九月辛巳	台州羁管	《宋史全文》卷14,政和元年九月辛巳,第947页;《资治通鉴后编》卷98,政和元年九月辛巳,史343-789	羁管期间,著《四明尊尧集》
政和六年(1116)	叙复承事郎	《宋陈忠肃公言行录》卷1《年谱》	

---

① 陈桱:《通鉴续编》,影印文渊阁四库全书,台北:台湾商务印书馆,1986年。
② 《宋陈忠肃公言行录》卷1《年谱》。

(续表)

时间	仕履	史料来源	备注
政和七年（1117）十二月	自江州移南康军居住	《宋史全文》卷14,政和七年十二月,第963-964页	
宣和四年（1122）	卒于楚州	《默堂集》卷21《代翁子静祭奉议叔祖文》,史1139-524;《宋忠肃陈了斋四明尊尧集·陈了翁先生集序》,《续修四库全书》第448册,第354页	
靖康元年（1126）二月癸丑	追赠右谏议大夫	《宋史》卷23《钦宗本纪》,第425页	
绍兴二十六年（1156）七月乙卯	赐谥"忠肃"	《建炎以来系年要录》①卷173,绍兴二十六年七月乙卯,第3317页;《宋史全文》卷22下,绍兴二十六年七月乙卯,第1813页	

第三节　陈瓘著述补订

在陈瓘的仕途发展过程中,他的著述也是相当丰富的。受政局变动等因素的影响,这些著述在流传过程中多有散佚。而在《宋史》等史籍中,对陈瓘有关著述成果的记载相对比较简略。尽管如此,借助于现存史籍中的相关记载,我们仍可对陈瓘的著述成果在一定程度上进行相应的梳理,而这也可弥补《宋史·陈瓘传》记载中的一些不足。为便于较为清晰地展现陈瓘有关著述的总体情况,在此特以表格（如表1-2所示）的形式予以说明。

---

① 李心传编撰;胡坤点校:《建炎以来系年要录》卷173,绍兴二十六年七月乙卯（按:原文为"九月乙卯",应为"七月乙卯"）,北京:中华书局,2013年,第3317页。

表 1-2　陈瓘主要著述简表

著述名称	卷数	史料主要出处	备注
《了翁易说》①（又名《陈莹中易说》《陈了翁易说》《了斋易说》）	1	《厚斋易学》②附录一《先儒著述上》，经 16-831	
		《直斋书录解题》③卷 1《易类·了翁易说一卷》，第 14 页	
		《文献通考》④卷 176《经籍考三》，考 1523	
		《宋史》卷 202《艺文志一》，第 5038 页	
		《读易举要》卷 4《古文周易十二篇》，经 21-462	
		《四库全书总目》⑤卷 2《经部二·易类二》，第 7 页	
		《遂初堂书目·周易类·了斋易说》⑥，第 1 页	
《了斋亲笔》	1	《宋史》卷 208《艺文志七》，第 5371 页	已佚
《谏垣集》（又名《陈忠肃公谏垣集》《谏垣奏议》）	2	《郡斋读书志校证·读书附志目录》⑦卷下《别集类二·陈忠肃公谏垣集二卷》，第 1179 页	已佚
		《直斋书录解题》卷 22《章奏类·谏垣集二卷》，第 637 页	
		《文献通考》卷 247《经籍考七十四》，考 1950	
	3	《宋史》卷 208《艺文志七》，第 5371 页	
	4	《宋陈忠肃公言行录》卷 1《年谱》	
《合浦尊尧集》		《周必大全集·庐陵周益国文忠公集》⑧卷 17《跋闲乐居士陈师锡与了翁陈瓘论王氏日录书》，第 146 页	已佚
		《九朝编年备要》卷 28，政和元年九月，史 328-752	
		《文献通考》卷 197《经籍考二十四·史·传记》，考 1657	
《日录不合神道论》		《文献通考》卷 197《经籍考二十四·史·传记》，考 1657	

---

①　陈瓘：《了斋易说》，影印文渊阁四库全书，台北：台湾商务印书馆，1986 年。全文收录于经 9-413 至经 9-458。
②　冯椅：《厚斋易学》，影印文渊阁四库全书，台北：台湾商务印书馆，1986 年。
③　陈振孙著；徐小蛮、顾美华点校：《直斋书录解题》，上海：上海古籍出版社，1987 年。
④　马端临：《文献通考》，北京：中华书局，1986 年。
⑤　永瑢等撰：《四库全书总目》，北京：中华书局，1965 年。
⑥　尤袤：《遂初堂书目》，《丛书集成初编》，上海：商务印书馆，1935 年。
⑦　晁公武撰；孙猛校证：《郡斋读书志校证》，上海：上海古籍出版社，2011 年。
⑧　王蓉贵、[日]白井顺点校：《周必大全集》，成都：四川大学出版社，2017 年。

(续表)

著述名称	卷数	史料主要出处	备注
《四明尊尧集》	1	《直斋书录解题》卷5《典故类·四明尊尧集一卷》，第166页	今存《四库全书总目》卷89《史部四十五·史评类存目一》，"乃后人并其原表、序、跋合而编之者也"，第757页
	1	《文献通考》卷197《经籍考二十四·史·传记》，考1657	
	5	《宋史》卷208《艺文志七》，第5371页	
	11	《四库全书总目》卷89《史部四十五·史评类存目一》，第757页	
《尊尧余言》	1	《周必大全集·庐陵周益国文忠公集》卷17《跋闲乐居士陈师锡与了翁陈瓘论王氏日录书》，第146页	已佚
		《宋史》卷208《艺文志七》，第5371页	
《陈瓘集》（又名《了斋集》《了斋文集》）	30	《郡斋读书志校证》卷19《别集类下·陈莹中了斋集三十卷》，第1022页	已佚；《通志》卷70《艺文略第八·别集四》载，"《陈了翁前集》三十卷（陈瓘），又《了翁后集》二十五卷"，第823页
	30	《文献通考》卷237《经籍考六十四》，考1888	
	42	《直斋书录解题》卷17《别集类中·了斋集四十二卷》，第515页	
	40	《宋史》卷208《艺文志七》，第5371页	
	50	《宋元学案》卷35《陈邹诸儒学案·清敏门人·忠肃陈了斋先生瓘》，第1210-1211页	
	55	《通志》①卷70《艺文略第八·别集四》，第823页	
《责沈文》	1	《吕本中全集·童蒙训》卷下，第1006页	全文收录于《宋文鉴》卷127《杂著》，第1782－1783页；《宋陈忠肃公言行录》卷5，《责沈文》
		《伊洛渊源录》②卷3《明道先生·遗事》，第547页	
		《宋名臣言行录》③后集卷13《陈瓘忠肃公》，第448页	
		《宋史》卷208《艺文志七》，第5371页	

---

① 郑樵编撰：《通志》，北京：中华书局，1987年。
② 朱熹：《伊洛渊源录》，《新订朱子全书（附外编）》第13册，上海：上海古籍出版社，2023年。
③ 朱熹：《宋名臣言行录》，《新订朱子全书（附外编）》第13册，上海：上海古籍出版社，2023年。

(续表)

著述名称	卷数	史料主要出处	备注
《了斋陈先生言行录》	1	《宋史》卷203《艺文志二》，第5117页	陈瓘之子陈正同编
《通鉴约说》		《玉海》①卷49《艺文·通鉴约说》，第937页	已佚
《中说》	1	《宋史》卷205《艺文志四》，第5212页	已佚
《了翁约论》（又名《了斋约论》《约论》）	17	《遂初堂书目·史学类·了斋约论》，第14页	"起战国，至后汉安帝。盖读《通鉴》，随事有所发明者也"②；已佚
		《直斋书录解题》卷17《别集类中·约论十七卷》，第515页；《宋陈忠肃公言行录》卷1《年谱》	
		《文献通考》卷237《经籍考六十四》，考1888	
《了斋亲笔》	10	《宋史》卷208《艺文志七》，第5371页	
《遯斋闲览》		《宋忠肃陈了斋四明尊尧集》补遗，第407页	
《了斋遗事》		《清波杂志校注》③卷9《毁通鉴》，第400页	
《易解文集》	数十	《四明尊尧集》卷1《四明尊尧集序》	已佚
《陈瓘墓志》	1	《宋史》卷203《艺文志二》，第5117页	陈瓘自撰；已佚

通过上面表格中的相关信息可以看出，陈瓘在其一生中著述相当丰富。同时，在这些著述中，《合浦尊尧集》《通鉴约说》《中说》《易解文集》等诸多作品的散佚问题也比较突出。虽然如此，借助相关史籍中的记载，我们仍可自总体上对陈瓘的有关著述有所了解，并可自一侧面部分弥补《宋史·陈瓘传》记载简略的不足。

---

① 王应麟辑：《玉海》，扬州：广陵书社，2003年。
② 《直斋书录解题》卷17《别集类中·约论十七卷》，第515页；《宋陈忠肃公言行录》卷1《年谱》；《文献通考》卷237《经籍考六十四》，考1888。
③ 周煇撰；刘永翔校注：《清波杂志校注》，北京：中华书局，1994年。

第二章 陈瓘在宋哲宗朝的主要政治活动

陈瓘在元丰二年(1079)考中进士后,最初主要是在濠州、越州等地担任地方官,绍圣元年(1094)被除授太学博士,之后开始到朝中任职。在此前的元祐时期,陈瓘面对新党的拉拢基本上保持一种规避、观望的态度。而在绍圣、元符时期新党上台并极力严厉打击、报复元祐旧党的客观形势下,陈瓘向章惇等新党执政者陆续提出"消朋党,持中道""若稽古"等政治主张,但均未被新党接受。同时,陈瓘同章惇、蔡卞等新党成员的政治分歧在这一过程中也不断加深,其本人也为此而受到一定的政治贬处。

第一节　陈瓘与元祐年间新、旧党争

陈瓘自元丰二年(1079)步入仕途直至宋哲宗亲政前的政治活动,在史籍中并无多少记载。到宋哲宗亲政后,陈瓘才逐渐活跃于北宋政坛中。而纵观陈瓘在宋哲宗朝乃至以后宋徽宗朝的政治活动、学术思想的发展,它又是与此前北宋新旧两党的激烈斗争这一社会大背景相伴而存、密不可分的。因此,为了更为清晰地理解陈瓘在宋哲宗朝和宋徽宗朝对王安石及其变法的看法、同新旧两党的关系等诸多方面的发展演变,也就有必要了解宋哲宗亲政前新、旧两党党争这一社会背景。

首先,我们简单回顾一下熙丰时期的新、旧党争。熙丰变法开始之际,新、旧两党即围绕变法这一核心而展开了激烈斗争。而纵观整个变法运动,这种斗争贯穿变法全过程,并愈演愈烈。在此漫长的斗争历程中,得力于神宗的大力支持,在王安石等变法派的苦心经营下,变法派对反变法派的种种非难和攻击不断予以有力回击,在变法运动的不同阶段先后冲破了反变法派为阻挠青苗法、免役法、保甲法、市易法等变法举措的推行而设置的一系列羁绊,从而推进了经济、军事等改革在举步维艰的政治斗争环境中沿着上升的路线不断发展。因此,从当时结果来看,反变法派对变法运动所设置的种种障碍,并未遏止变法运动整体向前发展的大趋势。

随着熙宁九年(1076)十月王安石再次辞去相位,变法运动开始步入其第二个发展阶段。在这一时期,变法运动在神宗的主持下已开始走向下坡路,在"富国"与"强兵"之间,神宗更为注重"强兵",而"富国"即发展社会经济的力度已经减弱,"从全国范围看,前此改革过程中有利社会生产发展的措施,到这时便降落到次要的地位了"[①]。同时,熙宁九年(1076)王安石辞去相职、神宗主持变法后,对豪强兼并势力进一步做出妥协和退让,这也是宋神宗主导变法期间的一个重要变化。加之变法派内部的分化和重组,引发了熙宁九年(1076)十月之后的变法运动在其动向上发生重要转变,在实质上发生了不同于此前的重要变化。虽然从表面来看,此期由宋神宗所主持的改革似乎仍是对熙宁时期变法的一种延续,但实际上其变革时政的色彩已开始趋于减弱。变法运动的社会基础受到严重削弱,而变法派内部的不断分裂与重组进一步削弱了变法派的整体实力,所有这些,都共同导致变法措施在客观效果上的削弱。对此,陈瓘在评论由熙宁而至元丰这两个不同阶段的变化时,也指出二者之间存在较大的差异,认为"元丰之政,多异熙宁,则先志固已变而行之"[②]。陈瓘的这种认识,有其一定的合理之处,即表明他也注意到宋廷在熙宁、元丰两个阶段执政政策的转变。但是,陈瓘甚至还认为宋神宗在元丰年间"凡(王)安石所怒之人无不复用,凡(王)安石所喜

[①] 漆侠:《王安石变法》第四章,《漆侠全集》第二卷,保定:河北大学出版社,2008年,第195页。
[②] 《长编》卷485,绍圣四年四月乙未,第11531页。

之人往往斥去,不胶不执,圣政日新"①,这是与当时的实际情形严重不符的。我们应该看到,陈瓘此番言论的主要目的,即是通过对宋神宗元丰时期执政的肯定而来否定王安石熙宁年间的变法,这就与熙宁、元丰时期变法的实际社会效果并不相符了。对此,漆侠先生指出:"陈瓘所谓宋神宗'立法之意,取民之财,还以助民'这样一个说法,从某个角度说,只能局部地适用于王安石执政期间的这一阶段,而根本不能适用于宋神宗主持变法的这一阶段。"②同理,陈瓘对王安石及其变法其他方面的批评,也多存在这种情形,此不赘言。

随着元丰八年(1085)三月宋神宗去世和宋哲宗即位,"军国事并太皇太后权同处分"③的政治局面得以确立,宋廷的实权迅速转入以太皇太后高氏、司马光等人为代表的保守派旧党势力手中,政治局面为之一变。也正是在这种重大变动的政治局势下,以司马光等人为代表的旧党势力迅速着手展开了一系列尽罢熙丰新政、尽逐熙丰新党成员的报复、清算活动。首先,在对熙丰之政的废罢方面,元祐旧党置当时的实际形势于不顾,完全是将熙丰之政及早尽罢而后快。在这一方面,司马光的相关主张、做法颇为典型。如元丰八年(1085)四月,司马光在其奏疏中即公开指出:

……况先帝之志,本欲求治。而群下干进者,竞以私意纷更祖宗旧法。致天下籍籍如此,皆群臣之罪,非先帝之过也。为今之计,莫若择新法之便民益国者存之,病民伤国者悉去之。使天下晓然,知朝廷子爱黎庶之心。吏之苛刻者必变而为忠厚,民之离怨者必变而为亲誉。德业光荣,福祚无穷,岂不美哉?④

---

① 王梓材、冯云濠编撰;沈芝盈、梁运华点校:《宋元学案补遗》卷35《陈邹诸儒学案补遗》,北京:中华书局,2012年,第2070页。
② 《王安石变法》第四章,第195页。
③ 《长编》卷353,元丰八年三月戊戌,第8456页。
④ 赵汝愚编;北京大学中国中古史研究中心点校整理:《宋朝诸臣奏议》卷117《上哲宗论新法便民者存之病民者去之》,上海:上海古籍出版社,1999年,第1284页。

在这里,司马光虽然在表面上声称"为今之计,莫若择新法之便民益国者存之,病民伤国者悉去之",但随即话锋一转,直言:"况今军国之事,太皇太后陛下权同行处分,是乃母改子之政,非子改父之道也,何惮而不为哉?"①这才是司马光等保守派旧党的真正意图所在。从之后宋朝政治局势的发展来看,旧党势力也正是打着"母改子"的旗号,同时以遵奉"祖宗之法"作为掩盖,从而在仅仅一年多的时间内,即废除了熙丰新法的诸多举措。以废免役法、复行差役法这一重大事件为例,为了尽快实现这一目的,司马光等旧党势力竟然强令全国诸州县"限敕到五日内,具利害擘画申本州。仰本州类聚诸县所申,择其可取者,限敕到一月内,具利害擘画申转运司。仰转运司类聚诸州所申,择其可取者,限敕到一季内,具利害擘画一奏闻"②,全然置当时的客观情况于不顾。而在这种政治风向陡然急转的现实形势下,相当一部分官僚也开启了其政治投机活动,迎合政治局势的骤变而转为对熙丰新法肆意抨击和破坏。这些政治投机者中,即不乏原来的新党成员。例如在当时司马光主政、"复差役法,为期五日,同列病太迫"的形势下,当时知开封府的蔡京即"独如约,悉改畿县雇役,无一违者"③,从而率先在五日期限内在开封、祥符两县境内复行差役法,并由此而获得司马光的褒奖,这在当时即属官员投机活动的典型一例。针对骤然废除免役法、复行差役法这一问题,章惇在当时即明确指出:"若役法则熙宁之初遽改免役,后遂有弊。今复为差役,当议论尽善,然后行之,不宜遽改,以贻后悔。"④同时,针对司马光等旧党成员在废除免役法过程中所暴露出的前后言论自相矛盾等问题,章惇也逐一加以揭露。譬如,章惇曾犀利地指出,"司马光初三日札子内,竭言上户以差役为便,以出免役钱为害;至十七日札子内,

---

① 《宋朝诸臣奏议》卷 117《上哲宗论新法便民者存之病民者去之》,第 1284 页。
② 李文泽、霞绍晖校点整理:《司马光集》卷 49《乞罢免役钱依旧差役札子》,成都:四川大学出版社,2010 年,第 1046 页。
③ 《宋史》卷 472《奸臣传二·蔡京传》,第 13721 页。
④ 《宋史》卷 471《奸臣传一·章惇传》,第 13711 页。

却言彼免役钱虽于下户困苦而上户优便。旬日之间,两入札子,而所言上户利害正相反",并直斥司马光"必是讲求未得审实,率尔而言。以此推之,措置变法之方,必恐未能尽善"①。在元祐旧党骤废役法这一问题上,也正如朱熹所指出的那样,旧党这种前后不一、自相矛盾的言论,完全被章惇等人"一一抓住病痛,敲点出来"②。章惇对元祐旧党诸如此类一语中的的批评和揭露,也直接导致其本人遭到旧党的无情打击,很快即被黜知汝州、逐出朝堂。苏轼针对元祐旧党将衙前役变雇为差这种做法,也予以"是其意专欲变熙宁之法,不复校量利害,参用所长也"③之类的严厉批评。反观旧党,则是枉顾"官司上下关联事目极多,条贯动相干涉"④的现实,执意坚持尽废免役法、复行差役法。旧党成员对于熙丰新法的废罢是完全不顾社会实际的。

从元祐旧党内部来看,司马光是这样一种表现,那么其他成员又如何呢?在"元祐更化"大肆尽废熙丰之政的政治气候下,仍有部分旧党成员尚能保持比较清醒的头脑,坚决反对对新法的武断废止。尤其是在废除免役法、复行差役法这一重大问题上,元祐旧党内部的争论更为激烈。即使是对熙丰新法多有非议的范纯仁、苏轼、苏辙等人,对司马光等人骤废免役法等极端做法也极力反对、劝阻。如元祐元年(1086),范纯仁即曾多次向司马光明确指出:"法固有不便,然亦有不可暴革。"⑤"去其泰甚者可也",而"差役一事,尤当熟讲而缓行,不然,滋为民病"⑥。"此法熟议缓行则不扰,急行则疏

---

① 《长编》卷367,元祐元年二月丁亥,第8822-8823页。有关章惇针对司马光等旧党成员在役法问题上的详细批驳情况,另可参见漆侠:《王安石变法》第五章,第203-205页;汪天顺:《章惇研究》第三章,第42-59页,河北大学2002年博士学位论文。
② 《朱子语类》卷130《本朝四·自熙宁至靖康用人》,《新订朱子全书(附外编)》第19册,上海:上海古籍出版社,2022年,第4353页。
③ 《长编》卷394,元祐二年正月庚午,第9598页。
④ 《长编》卷367,元祐元年二月丁亥,第8825页。
⑤ 《长编》卷367,元祐元年二月丁亥,第8839页。
⑥ 《宋史》卷314《范纯仁传》,第10286页。

略而扰,委非其人,其扰滋甚,公忍以扰重毒吾民耶?"①鉴于这些情况,范纯仁进而主张"国用不足,建请复散青苗钱"②。但是,对于范纯仁等人的主张和建议,司马光却根本不予采纳,仍执意坚持尽废新法,以致范纯仁相当气愤地称之"是又一王介甫矣"③!从苏轼的角度来讲,他虽曾激烈地反对王安石变法,但因为目睹了免役法推行过程中所取得的诸多成效,此时也坚决反对司马光尽废免役法、复行差役法之举。他指出,只要剔除免役法中的多取宽剩钱等弊端,"而不变其法,则民悦而事易成"④。针对司马光对自己的建议不以为然的态度,苏轼甚至向其提出"昔韩魏公刺陕西义勇,公为谏官,争之甚力,魏公不乐,公亦不顾。轼昔闻公道其详,岂今日作相,不许轼尽言耶"⑤的质问,以致二人的交谈不欢而散。同时,苏轼对元祐旧党的这种极端做法也深表忧虑,直言:"而神宗励精核实之政渐致隳坏。深虑数年之后,驭吏之法渐宽,理财之政渐疏,备边之计渐弛,而意外之忧有不可胜言者。"⑥但他与司马光的争论最终无果而终,以致其气愤地连呼:"司马牛!司马牛!"⑦苏辙也认为:"差役之法,关涉众事,根牙盘错,行之徐缓,乃得详审。若不穷究首尾,匆遽便行,但恐既行之后,别生诸弊。"⑧"盖朝廷自行免役,至今仅二十年,官私久已习惯,今初行差役,不免有少龃龉不齐。"⑨凡此种种,都表明围绕着骤废免役法、复行差役法这一重大问题,元祐旧党内部显然也存在较大分歧。但又不可否认,在太皇太

---

① 范纯仁:《范忠宣公文集》卷19《范忠宣公行状》,宋集珍本丛刊本,北京:线装书局,2004年,第15册第514页。
② 《长编》卷384,元祐元年八月辛卯,第9366页。
③ 《长编》卷367,元祐元年二月丁亥,第8839页。
④ 苏轼撰;孔凡礼点校:《苏轼文集》卷27《奏议·辩试馆职策问札子二首》,北京:中华书局,1986年,第791页。
⑤ 《长编》卷382,元祐元年七月丁巳,第9299页。
⑥ 《长编》卷394,元祐二年正月庚午,第9595页。
⑦ 蔡绦撰;冯惠民、沈锡麟点校:《铁围山丛谈》卷3,北京:中华书局,1983年,第60页。
⑧ 《长编》卷367,元祐元年二月丁亥,第8832页。
⑨ 苏辙撰;陈宏天、高秀芳点校:《苏辙集》卷36《论罢免役钱行差役法状》,北京:中华书局,1990年,第626页。

后高氏、司马光等人执意推行"元祐更化"的形势下,"不推原遗弓之本意,急于民瘼,无复周防,激成党锢之祸"①,范纯仁、苏轼、苏辙等人的反对意见也就显得颇为无力。

其次,即元祐旧党对熙丰新党的尽逐。元祐时期的旧党势力,在太皇太后高氏的庇护下迅速恢复和膨胀,且百般打击、迫害新党成员,企图以此遏制乃至最终彻底消除新党的在朝势力。在这一过程中,他们往往将新党成员扣上"竞献策画,务为奇巧,舍是取非,兴害除利。名为爱民,其实病民,名为益国,其实伤国"②之类的罪名,极尽百般迫害、诋毁之能事,一意尽逐和迫害新党分子。同时,他们又积极组织大批旧党成员重新还朝,甚至连同熙丰年间那些不满新法或是因反新法而被贬的官僚士大夫也一并予以拉拢,并且设立看详诉理所,"凡得罪于元丰之间者,咸为雪除。归怨先朝,收恩私室。意者呼吸罪党,用为己助"③,以对新党大肆实行报复性倾轧。这样,一些旧党成员"参用熙、丰旧臣,共变其法,以绝异时之祸"④的建议和主张,也就并不被以太皇太后高氏、司马光为首的旧党势力所采纳,熙丰新党的尽逐也就在所难免。而对于这种极端的做法,元祐旧党内部也并非没有异议。早在元祐四年(1089)旧党成员炮制"车盖亭诗案"借以打击蔡确等新党成员时,一些旧党分子即已开始对这种党同伐异的极端政治手段深感忧虑。比如,针对当时朝廷下令将蔡确"责授英州别驾、新州安置"这一决定,吕大防、刘挚等人"以确母老"而请求"不欲令过岭",但太皇太后高氏则公开宣称"山可移,此州不可移",断然拒绝了这种提议。稍后,范纯仁"不宜置确死地"的建议同样未被采纳,以致他不无忧虑地向吕大防指出:"此路荆棘七八十年矣,奈何开之?吾侪正恐亦不免耳。"⑤进而,吕大防、刘挚二人又建议"欲引

---

① 岳珂撰;吴企明点校:《程史》卷11《王荆公》,北京:中华书局,1997年,第127页。
② 《长编》卷355,元丰八年四月庚寅,第8490页。
③ 《长编》卷499,元祐元年六月壬寅,第11886页。
④ 《长编》卷387,元祐元年九月丙辰,第9416页。
⑤ 《长编》卷427,元祐四年五月丁亥,第10326页。

用元丰党人,以平旧怨,谓之'调停'"①,随即招致苏辙"冰炭共处,必致交争;薰莸共器,必当遗臭"②及对吕、刘二人"皆持两端,为自全计"③一类的严厉批评。正因这种执意严惩新党成员的政策毫无松动的余地,遂导致"自此参用邪正之说衰矣"④,"调停"之议迅速被扼杀。到元祐末期,新、旧两党之间的矛盾已至一触即发的紧张状态。对于这种情形,太皇太后高氏等人也有着较为清醒的认识。如元祐八年(1093)八月,太皇太后高氏在弥留之际尚不忘明确地告诫范纯仁等人:"老身殁后,必多有调戏官家(宋哲宗)者,宜勿听之。公等宜亦早求退,令官家别用一番人。"⑤由此可以看出,高氏自知在自己身殁之后北宋政坛即将面临一场剧烈变动、调整的这种现实。从此后北宋政坛剧烈变动的现实来看,太皇太后高氏等旧党势力的这种预感也绝非空穴来风。

在这一时期,陈瓘在元祐四年(1089)被改命为签书越州判官。当此之时,随着新、旧两党之间斗争的进一步激化,双方在斗争过程中也都十分注重对中间势力的拉拢,以此作为扩大己方阵营、削弱敌对势力的一个重要手段和策略。而在这种激烈党争的社会大环境中,陈瓘也就面临着严峻的政治抉择。在其越州任上,越州知州蔡卞试图将陈瓘引为己用,而陈瓘则是采取"常欲远之,屡引疾求归"的方式加以应对,但结果却是"章不得上"⑥。由此看来,陈瓘在这一时期对时局更多地是保持一种观望态度,从而婉拒蔡卞等人的拉拢。此事之后,当相邻的明州通判出现空缺时,由于蔡卞的从中运作,陈瓘又被宋廷改命为权摄通判明州。而依照当地官府的惯例,陈瓘本来也可自明州获得一块收入不菲的职田。趁此时机,蔡卞"意公(陈瓘)方贫,

---

① 《长编》卷 443,元祐五年六月己卯,第 10669 页。
② 《太平治迹统类》卷 23《元祐党事始末上》,史 408-576。
③ 《苏辙集·栾城后集》卷 13《颖滨遗老传下》,第 1027 页。
④ 《苏辙集·栾城后集》卷 13《颖滨遗老传下》,第 1029 页。
⑤ 《〈长编纪事本末〉点校》卷 91《宣仁垂帘》,第 1035 页。
⑥ 《宋史》卷 345《陈瓘传》,第 10961 页。

必喜于少纾",可见至此其仍未放弃对陈瓘的继续笼络。而从陈瓘的做法来看,他却是借故加以推脱,"遂伸寻医之请,将所得圭租逊前官。明州以法当公得,公以义不当受,卒不取而归之官廪"①。到元祐五年(1090)宋廷任命陈瓘为太学博士时,他又再次辞而不受。通过前后的这一系列事件可以看出,正是基于对元祐年间新、旧党争的严峻形势的一定认识,陈瓘此期对蔡卞等新党成员的拉拢一直坚持采取一种尽力规避的态度,设法使自己同新党、旧党争保持一定的距离。应当说,陈瓘在这一时期新旧党争激烈的政治环境下尚处于一种何去何从的艰难抉择中,这也就导致他相应采取了一种观望态度以作应对。考虑到这一点,此期的陈瓘也就并非像《宋史》等史籍中所称,对新党的拉拢是如何不屑了。

第二节 陈瓘"消朋党,持中道"与"若稽古"之论

在元祐时期旧党高压专制的政治气候下,新党势力尽管遭受了极大的摧残和重创,但仍在章惇、蔡卞等核心人物的领导下坚持不懈地抗争,积蓄和蕴育力量,等待对旧党反戈一击时机的到来。而这一时机,也恰恰是随着元祐八年(1093)九月太皇太后高氏这一旧党政治支柱的逝去而迅速来临。杨畏率先上疏称"神宗皇帝更法立制,以垂万世。乞赐讲求,以成继述之道",并"疏章惇、安焘、吕惠卿、邓温伯、李清臣等行义,各加品题,且密奏书万言,具言神宗所以建立法度之意,乞召章惇为宰相",从而向元祐旧党率先发难。对此,宋哲宗则是顺势"皆嘉纳焉"②,以此表明其对清算元祐旧党的支持。到元祐九年(1094)四月,宋哲宗宣布改元"绍圣",并正式任命章惇为左相、罢除范纯仁的右相之职。此后,随着大批旧党成员逐渐被摒弃出朝、

---

① 《宋陈忠肃公言行录》卷1《年谱》。
② 《〈长编纪事本末〉点校》卷101《逐元祐党人上》,第1146页。

新党成员陆续还朝,新党成员得以重新控制朝政,宋廷的朝堂局势再次为之一变。至此,新党在宋哲宗的支持下已大体完成了新政治格局的构建,反击旧党的相关活动也就随即迅速展开。

在此形势下,旧党集团不甘放弃维系元祐政局和既有权力体系的幻想。但随着绍述时期政治局势的急遽逆转,这也只能成为元祐旧党的一厢情愿罢了。元祐时期,太皇太后高氏、司马光等元祐旧党大权独揽而宋哲宗大权旁落,这自然引发宋哲宗对旧党势力的不满和仇视。同时,元祐年间旧党不遗余力地极尽打击和迫害新党之能事,在治理国事上却无所建树,从而直接导致北宋王朝内政混乱、军备不修、士风败坏等一系列社会问题的加剧。对于元祐年间旧党执政中的这些问题,《宋论》中也有着如下评论:

> ……自是而外,皆与王安石已死之灰争是非,寥寥焉无一实政之见于设施……其恤民也,安石之新法,在所必革矣。频年岂无水旱?而拯救不行;四海岂无冤民?而清问不及……西陲之覆败孔棘,不闻择一将以捍其侵陵;契丹之岁币屡增,不闻建一谋以杜其欺侮……一元祐诸公扬眉舒愤之区宇而已矣……进一人,则曰此熙、丰之所退也;退一人,则曰此熙、丰之所进也;兴一法,则曰此熙、丰之所革也;革一法,则曰此熙、丰之所兴也。①

应该说,这一总体评价还是比较客观、比较符合元祐旧党执政的实际情形的。从另一个方面来讲,新党在元祐时期激烈党争中所遭受的种种诬蔑和残酷打击,到此时却又恰恰为新党重掌朝柄、重返政治舞台提供了强有力的政治资本。所有这些,都促使宋哲宗在亲政后即迅速着手开始大量起用新党成员,而对旧党则以严厉打击的手段、政策作为回应:

---

① 王夫之:《宋论》卷7《哲宗》,北京:中华书局,1998年,第142—143页。

> 哲宗亲政,有复熙宁、元丰之意,首起惇为尚书左仆射兼门下侍郎,于是专以"绍述"为国是,凡元祐所革一切复之。引蔡卞、林希、黄履、来之邵、张商英、周秩、翟思、上官均居要地,任言责,协谋朋奸,报复仇怨,小大之臣,无一得免,死者祸及其孥。①

这样,在打击元祐旧党、尽复熙丰之法这一总的既定政策指导下,宋哲宗与章惇等新党成员迅速联合启动对旧党集团的政治清算,也就成为一种顺理成章的结果。

那么,面对当时这种新形势的出现,陈瓘又有何表现和作为呢?总的来看,在如何对待元祐旧党、元祐旧政这些重大问题上,此时的陈瓘应该说与章惇等新党势力还是存在着较大政治分歧和冲突的。《宋宰辅编年录》中的一段史料即颇能反映出这种问题:

> 绍圣初,章惇以宰相召,道过山阳,与陈瓘适相遇。惇素闻瓘名,独请登舟,共载而行,访以当世之务曰:"计将安出?"瓘曰:"请以所乘舟为喻,偏重其可行乎?或左或右,其偏一也。明此,则可行矣。"惇默然未答。瓘复曰:"上方虚心以待公,公必有以副上意者。敢问将欲施行之序,以何事为先?何事当急?谁为君子?谁为小人?谅有素定之论,愿闻其略。"惇复泞思良久,曰:"司马光奸邪,所当先辨,无急于此。"②

此则记载尽管比较简略,但它却足以透露出一些重要信息:首先,章惇对陈瓘"独请登舟"并访以当世之务,反映出他在当时对陈瓘比较看重;其

---

① 《宋史》卷471《奸臣传一·章惇传》,第13711页。
② 《宋宰辅编年录》卷10,绍圣元年四月壬戌"章惇左仆射"条,转引自《丁未录》,第815—816页;类似的记载,另见于《宋史》卷345《陈瓘传》,第10961页。

次，较之于陈瓘对"当世之务"的成竹在胸，章惇却似乎并无一套完整而系统的执政方略。但我们也应清醒地看到，这种记载与真实情形还是有着一定的差距的：一方面，作为对旧党进行反攻倒算的重要手段之一，同元祐旧党一样，章惇等新党势力也自然不忘对处于新、旧两党之间的一些中间力量积极设法加以拉拢，以此来壮大自身阵营和削弱敌对势力。章惇此时之所以能够对陈瓘极备礼数，征求陈瓘对当世之务的看法和建议，其主要原因也主要是出于这种层面的考虑。因此，章惇单独与陈瓘交谈并以礼相待，这种情形可能比较真实。另一方面，章惇这种将辨"司马光奸邪"，即将打击和报复旧党作为"当世之务""凡元祐所革一切复之"①的指导思想，实际上也就极其明确地透露出新党在重掌政柄后将一改元祐之政的政治立场和执政方针。而这种立场和执政方针应是早已同宋哲宗沟通、商定的结果，绝非"泞思良久"而临时提出，故此这种记载恐怕就与事实严重不符了。针对章惇在此次谈话中所表达的态度，陈瓘却认为"熙宁未必全是，元祐未必全非"②，在新党所应采取的执政方略上，他与章惇之间明显有着重大的政治分歧：

> 瓘曰："公误矣。此犹欲平舟势而移左以置右，果然，将失天下之望。"惇厉色曰："(司马)光不务赞述先烈，而大改成绪，误国如此，非奸邪而何？"
>
> 瓘曰："不察其心而疑其迹，则不为无罪；若指为奸邪，又复改作，则误国益甚矣。为今之计，唯消朋党，持中道，庶可以救弊。"③
>
> 温公不明先志，而用母改子之说，行之太遽，所以纷纷至于今日。

---

① 《宋史》卷471《奸臣传一·章惇传》，第13711页。
② 富大用：《古今事文类聚新集》卷7《乘舟偏重》，影印文渊阁四库全书，台北：台湾商务印书馆，1986年，子928-93。
③ 《宋史》卷345《陈瓘传》，第10961页；《宋陈忠肃公言行录》卷1《年谱》。

> 为今之计,惟当绝臣下之私情,融祖宗之善意,消朋党,持中道,庶乎可以救弊。若又以熙丰、元祐为说,无以厌服公论,恐纷纷未艾。①

如此看来,这次辩论实际上也是陈瓘同以章惇等人为首的新党,针对如何对待元祐之政、元祐党人以及如何制定现行执政政策等重大问题,彼此之间进行的一场重要辩论和两种思想、立场的激烈碰撞。

站在新党成员的立场上,元祐旧党在太皇太后高氏的庇护下对新党所进行的种种打击与迫害,对熙丰新政所进行的面目全非的篡改,都足以令包括章惇在内的新党成员难以容忍,这也本在情理之中。而从陈瓘的立场来看,他却认为"元丰之政多异熙宁,则先志固已变而行之",而司马光却在元祐年间"不明先志,而用母改子之说",且"行之太遽,所以纷纷至于今日"②,从而引发北宋社会局势的严重混乱、动荡。应当说,对于元祐年间旧党对熙丰之政的大肆篡改以及由此而带来的诸多弊端,陈瓘本人有着一定的、较为清醒的认识,指出"元丰之政,多异熙宁",也对司马光等元祐党人借"母改子"之名武断而不加甄别地全面废除熙丰之政予以相应的批评。应该说,陈瓘的这种评论有其较为公允、比较符合当时实际情况的一面。进而,针对绍述新党接下来的执政方针与政策,陈瓘也在此时向章惇明确表达了自己的建议,认为:"为今之计,惟当绝臣下之私情,融祖宗之善意,消朋党,持中道,庶乎可以救弊。若又以熙丰、元祐为说,无以压服公论,恐纷纷未艾。"③结合当时的实际情形,陈瓘这种兼取熙丰、元祐党人,力主缓和两党之间长期以来的诸多冲突与矛盾,走一条调和的路线的观点,从理论上来讲对当时北宋政局的有序发展不失为一种良好的政治设想和规划。但在当时新、旧党争

---

① 《长编》卷 485,绍圣四年四月己未,第 11531 页。
② 《长编》卷 485,绍圣四年四月乙未,第 11531 页;《宋宰辅编年录》卷 10,绍圣元年四月壬戌"章惇左仆射"条,第 816 页;《宋大事记讲义》卷 20《戒小人偏徇》,第 734 页。
③ 《长编》卷 485,绍圣四年四月乙未,第 11531 页;《宋陈忠肃公言行录》卷 1《年谱》。

异常激烈的政治环境中,新党、旧党之间由于所代表阶级利益的较大差异,以及政治主张、执政方针的不同,长期争斗中所积累下来的矛盾早已相当深厚,双方的矛盾此时已是势如水火而根本不可能加以调和。因此,在这样一种客观形势下,陈瓘的这种"消朋党,持中道"的"调和"路线,既与刚刚重新执政的新党严厉打击旧党的既定方针极不相符,同时也在很大程度上脱离当时的实际。客观而言,陈瓘的这些主张中对元祐旧党之政的批评也仅仅是一种表象,停留在浅层层面,他更主要的目的、更真实的意图恐怕还是在"消朋党,持中道"这一貌似公允的政治主张下,希望借此在一定程度上改变新党的执政政策,从而争取减轻新党对元祐旧党的报复性打击,甚至还寄希望于在一定限度内维续元祐之政。

考虑到这些方面,陈瓘的这些主张无法被章惇等新党采纳也就不难理解了。从后面的事态发展来看,陈瓘的"消朋党,持中道"主张,在绍述新党的施政过程中根本没有市场。具体而言,那就是绍圣元年(1094)五月之后,新党已开始对旧党"元祐更化"时期斥地于敌、贬死蔡确于新州等事件的针对性打击与报复①。对于"元祐更化"的始作俑者——司马光,左司谏翟思在该年六月的上疏中即公开表示:"吕大防、刘挚、苏轼、苏辙以谤讪先朝,变乱法度,擅作威福,褫职夺官,谪守方州,安置岭表。中外闻命,举皆欣快。然司马光、吕公著首发事端,虽已终牖下,赠官美谥,自可追夺。"②新党诸如此类举措的实施,自然不仅仅是针对司马光等元祐旧党个人予以惩治或追贬,而是将其连同元祐之政作为一个整体而加以全面清算,这从之后一系列相关措施的陆续出台即可得到很好的印证。而在当时这种局势的急剧变化中,旧党成员也抓住一切可资利用的机会予以反击。在这一过程中,陈瓘对新党的指责、攻击也陆续展开。比如,绍圣四年(1097)四月,在"竞推尊(王)

---

① 罗家祥:《北宋党争研究》,台北:台湾文津出版社,1993年,第216—217页。
② 《〈长编纪事本末〉点校》卷101《逐元祐党人上》,第1150页。

安石而挤元祐,禁戒士人不得习元祐学术"①这一政策的指导下,蔡卞、薛昂、林自等绍述新党成员准备销毁《资治通鉴》的书版,陈瓘即抓住其中的疏漏而乘机向新党发难:

> 了斋陈莹中为太学博士。薛昂、林自之徒为正、录,皆蔡卞之党也……卞方议毁《资治通鉴》板,陈闻之,因策士题特引序文,以明神宗有训。于是林自骇异,而谓陈曰:"此岂神宗亲制耶?"陈曰:"谁言其非也?"自又曰:"亦神宗少年之文耳。"陈曰:"圣人之学,得于天性,有始有卒。岂有少长之异乎?"自辞屈愧叹,遽以告卞。卞乃密令学中敛高阁,不复敢议毁矣。毁《通鉴》非细事也,诸公未有纪之者,止著于《了斋遗事》中。②

在此,陈瓘利用《资治通鉴》中收有宋神宗为之题写的序文这一点,为新党设置了一大难题,即新党既然是以绍述熙丰、绍述神宗为旗号,倘若执意毁坏《资治通鉴》的书版,则与"绍述"的宗旨相违背、相冲突。在陈瓘、林自二人的这次谈话中,林自在争论中的言语漏洞被陈瓘一一抓住。对于这样一种情况,蔡卞在知晓后也是颇为无奈,最终只好下令将《资治通鉴》的书版"密令学中敛高阁,不复敢议毁矣"。在当时新党重操政柄、一心致力于严惩旧党的政治环境下,陈瓘的这种举动可以说是采取了一种较为迂回的策略,以图尽力对新党尽废元祐之政的做法加以阻挠。从这一事件的结果来看,虽然陈瓘在此次与林自、蔡卞等新党的斗争中获得胜利,但这对他之后的政治遭遇也不无影响。

此后,随着绍述之政的进一步发展,司马光、吕公著、王严叟等已故元祐

---

① 《长编》卷485,绍圣四年四月乙未,第11531页。
② 《清波杂志校注》卷9《毁通鉴》,第400页;陆心源撰、吴博雄点校:《宋史翼》卷40《林自传》,杭州:浙江古籍出版社,2016年,第1057页。

诸臣先后遭到追贬,吕大防、刘挚、苏辙、梁焘、刘安世等人也受到不同程度的贬处。① 这种局面的出现,在一定程度上也标志着陈瓘"消朋党,持中道"主张的破产。而陈瓘则在对绍述之政的后续抨击中又进一步提出了"若稽古"之论:

> 绍述之说盛,瓘奏哲宗言:"尧、舜、禹皆以'若稽古'为训。'若'者,顺而行之;'稽'者,考其当否,必使合于民情,所以成帝王之治。天子之孝,与士大夫之孝不同。"②

在此,陈瓘实际上是以时下应如何对待熙丰、元祐之政这一问题为媒介,主张对以往的政策采取一种既有继承又有改进的处理方式,由此来保障执政政策的前后连贯性,而不是武断地全盘照搬或全盘否定。但是,陈瓘的这种主张,其主要目的仍是在为元祐之政加以辩护,所谓"顺而行之""合于民情""天子之孝",也只不过是他劝谕宋哲宗承袭元祐之政的一种托词。因此,"若稽古"之论在其实质上更多的还是对元祐之政的一定继承。考虑到这种实情,陈瓘"若稽古"之论的提出,实际上即是其"消朋党,持中道"主张的延续和另一种形式。

那么,对于陈瓘所提出的"若稽古"之论,宋廷执政者们又有何反响呢?以宋哲宗为例,《宋史·陈瓘传》记载:"帝(宋哲宗)反复究问,意感悦,约瓘再如见。"③如果仅从这种记载来看,宋哲宗在当时似乎有意采纳陈瓘的建议。但是,事实的真相又究竟如何呢? 如前所述,旧党成员在元祐时期打着"母改子"的旗号,唯太皇太后高氏为尊以推行尽废熙丰新政的倒行逆施举措,宋哲宗的皇位在当时几乎是形同虚设。在这种政治的畸形发展中,亲政

---

① 《〈长编纪事本末〉点校》卷101《逐元祐党人上》,第1150—1151页。
② 《宋史》卷345《陈瓘传》,第10962页。
③ 《宋史》卷345《陈瓘传》,第10962页。

之前的宋哲宗对元祐旧党及其实际操纵朝政的专权局面,又岂能有什么好感?因此,宋哲宗对元祐旧党的仇恨可以说丝毫不逊于章惇等新党成员,而这恰恰成为宋哲宗能够与新党共同发起"绍述新政"以打击元祐旧党的比较牢固的政治基础。

正因如此,在绍圣初期宋廷实施恩赦之际,针对部分大臣借机探询朝廷是否有意牵复被贬谪的元祐旧党成员这种情形,宋哲宗马上即以不容置疑的态度回之以"莫不可牵复"①,公开表明了自己对元祐旧党的立场。绍圣四年(1097),曾布建议"吕大防、刘挚初贬淮南、湖北,至昨来明堂赦,方逾年,故有不得迁叙指挥。今皆在岭表恶地,与前日不同,今以天变肆赦,谓宜稍徙近地,足以感召和气",即遭到宋哲宗的断然否决:"刘挚等安可徙!"在这种情形下,曾布退而建议"编刺配隶罪人,亦分广南与远恶处为两等,若稍徙之于端、康、英、连之界,亦是岭表,似亦未为过",宋哲宗对此也是"极难之"。不仅如此,宋哲宗还下令对范祖禹、刘安世等人"皆痛贬。既而又贬王珪、高士英,三省之言,浸及宣仁矣"②。诸如此类结果,无不极其鲜明地彰显出宋哲宗在严厉打击旧党、尽废元祐之政这一问题上的坚决态度。结合宋哲宗亲政后诸如此类活动的开展,他对于陈瓘所提出的"若稽古"之论又何谈"意感悦"呢?如此看来,陈瓘在绍圣四年(1097)被责令以宣德郎通判沧州,这一结果虽说不无章惇、蔡卞等人的影响因素在内,但同时也是宋哲宗真实意向的一种体现。这样看来,现存部分史籍中所称"痛贬元祐党人,皆非上本意也"③之类的记载,也就与当时的真实情形并不相符。而陈瓘此次外任,在很大程度上也是当时宋哲宗朝执政政策所导致的一种后果。同陈瓘前面所提出的"消朋党,持中道"之论结果一样,他的"若稽古"之论并不被绍述新党所采纳,这也直接导致其企图挽救元祐之政的设想再次破灭。而归根结底,

---

① 《〈长编纪事本末〉点校》卷101《逐元祐党人上》,第1154页。
② 《长编》卷491,绍圣四年九月癸亥,第11654—11655页。
③ 《宋宰辅编年录》卷10,绍圣元年三月乙亥"吕大防罢相"条,第809页。

不论是陈瓘的"消朋党,持中道"之论,还是他的"若稽古"之论,隐藏在其背后的真实目的,恐怕更多还是对元祐旧党的偏袒和对元祐之政的辩护,这自然不能被新党接受和采纳。

第三节　陈瓘、章惇关系之演变

如前所述,在陈瓘、章惇二人于绍圣元年(1094)四月所开展的"乘舟之辩"中,陈瓘针对当世之务而向章惇提出"消朋党,持中道"的建议,这也是双方围绕绍述新党究竟采取何种政策辩论的一个焦点。据《宋史·陈瓘传》记载,陈、章二人辩论的结果,是陈瓘的"消朋党,持中道"之论"意虽忤(章)惇,然(章惇)亦惊异,颇有兼收之语"①。但如仔细推敲,从章惇的政治立场上来讲,他对陈瓘在当时形势下敢于提出此番言论而颇为"惊异"应该比较属实;至于章惇能够听取陈瓘的建议、准备对元祐旧党加以"兼收",就与后面新党所采取的政治策略完全不符了。在绍圣元年(1094)宋哲宗开始亲政、大批启用章惇等新党成员并一道奉行"务反元祐之政"②这一原则的情况下,新党集团在重新执掌朝政后将"司马光奸邪,所当先辨,势无急于此"③作为当务之急,以此来部分清除司马光的政治影响、为绍述之政的开展扫清障碍,这一政治突破口的选择有其合理性。在这样一种客观形势下,章惇虽与陈瓘存在较大的政治分歧,却仍能在该年五月推荐陈瓘为太学博士,此举也是绍述新党执政中打击旧党、拉拢中间势力总策略中的一部分,但却并不能说明章惇对陈瓘"消朋党,持中道"之论的认同和采纳。考虑到这种因素,章惇在这一时期对陈瓘的引用也就不难理解了。

---

① 《宋史》卷345《陈瓘传》,第10961页。
② 《宋史》卷179《食货志下一·会计》,第4358页。
③ 《宋史》345《陈瓘传》,第10961页。

随着绍圣时期的到来,如何对待熙丰之法就毫无疑问地成为"绍述"执政者们无法回避的首要难题。一方面,"元祐更化"时期旧党集团对熙丰之政的大肆清除,已将原来的诸多改革举措几乎破坏殆尽;另一方面,绍圣初期所面临的新党、旧党斗争残酷的政治局势,较之熙丰时期更为严峻。在这种新形势下,重新掌控朝政的新党集团就面临着巩固自身统治地位、大力打击旧党势力,并进一步推行"绍述"新政等一系列重要任务,其难度也可想而知。对于处于执政者地位的绍述新党集团而言,其对熙丰之政的"绍述"自然不能全盘照搬,而是必须根据新的客观形势、环境变化做出因时而宜、因政而宜的相应调整。正是基于这样一种考虑,围绕着对熙丰新政的"绍述"这一重大问题,宋哲宗与新党集团反复、多次进行磋商乃至出现激烈的争论,最后到绍圣四年(1097)三月时才得以确定新政的总方针——对熙丰之政的"绍述"应遵循"但不失大意可矣"①的指导原则,而不是原封照搬。这样,在如何对待熙丰之政这一重大问题上,绍述新党基本上确立了统一的指导原则。但在绍述之政的后续发展中,事实上则是"哲宗与新党集团始终将倾轧旧党置于首要地位,所谓'绍述'实际上逐渐沦为打击旧党的陪衬"②,而这种局面的形成与旧党势力始终暗流涌动、伺机反扑的客观现实也是直接相关。针对当时的形势,《宋史》中即记载称:

> (章惇)请编类元祐诸臣章疏,识者知祸之未弭也。遂治刘安世、范祖禹谏禁中雇乳媪事,又以文及甫诬语书导蔡渭,使告刘挚、梁焘有逆谋,起同文馆狱,命蔡京、安惇、蹇序辰穷治,欲覆诸人家。又议遣吕升卿、董必察访岭南,将尽杀流人。哲宗曰:"朕遵祖宗遗制,未尝杀戮大臣,其释勿治。"然重得罪者十余人,或至三四谪徙,天下冤之。③

---

① 《〈长编纪事本末〉点校》卷100《绍述》,第1142页。
② 《北宋党争研究》,第240页。
③ 《宋史》卷471《奸臣传一·章惇传》,第13711-13712页。

在此，绍圣初期新党严惩刘安世、范祖禹、刘挚、梁焘等旧党成员的罪责全部被扣在了章惇头上，但这些举措在当时无疑是获得宋哲宗同意和支持的，在总体上也符合宋哲宗、章惇等人所联合制定的"绍述"方针。

在绍述之政这一大的政治形势下，陈瓘却在绍圣三年（1096）再次抛出具有强烈"消朋党，持中道"色彩的"若稽古"之论，并认为"若又以熙丰、元祐为说，无以压服公论，恐纷纷未艾"，可见他至此仍坚持貌似调和新旧党争、实则为旧党开脱的政治立场，并未放弃部分恢复元祐之政的幻想。此后，陈瓘在绍圣四年（1097）主动向章惇请求出朝外任时，则更是直接向章惇发难："主上笃于继述，然今日庙堂述神考乎？述荆公乎？"①陈瓘此语，其主要目的即在于抨击绍圣新党绍述之政的不足，并将这种"罪责"归之于章惇等新党成员，对宋哲宗则是极力开脱，由此而对绍述之政加以否定。在这一时期，陈瓘之所以敢于接连触怒章惇等对己有过荐进之恩的权臣，并非像部分史籍中所称"未尝以预荐而入其党，亦不以小故而绝其恩"②的个性使然，最根本的原因则在于他这一时期的政治立场。陈瓘对章惇等新党成员及其施政的抨击、发难，都是服务于他否定新政、为元祐之政辩解这一政治目的的。有鉴于此，章惇、蔡卞等人责令陈瓘外补沧州，主要是由于双方在政治主张、从政理念等方面的显著冲突，同时在一定程度上也标志着章、蔡等新党成员拉拢陈瓘等台谏势力的失败。

但是，在接下来如何进一步处置陈瓘这一问题上，新党成员的内部意见也存在分歧，并不统一。比如曾布、林希等人，即公开表达了其不同政见：

（曾）布尝言："高科中唯陈瓘、张廷（庭）坚、王涣之三人可称，皆斥

---

① 《宋陈忠肃公言行录》卷1《年谱》。
② 赵善璙：《自警编》卷6《事君类上·公正》，影印文渊阁四库全书，台北：台湾商务印书馆，1986年，子875-325。

逐在外……"①

> 曾布同林希白上:"近闻陈瓘补外,瓘登高科二十二年,犹作权通判,罢校书郎,若与除一校理,不为过。以人才论之,岂在周种、邓洵武之下?"上曰:"章惇亦言其当作馆阁,但议论乖僻,尝欲以长女妻之,以其乖僻故止。"布曰:"瓘不见其乖僻,但议论诋訾蔡卞尔,他无所闻。"林希曰:"瓘尝为越州签判,与卞论事不合,遂拂衣去。然人才实不可得。"布曰:"主张士类正在陛下,愿少留圣意。"上欣然纳之。②

这一情况透露了一个重要信息,那就是随着对旧党打击斗争的深入开展,绍述新党内部的矛盾也开始凸显。尤其是章惇、蔡卞、曾布等执政大臣相互之间的矛盾和冲突,更是成为新党集团内部斗争的主体。除了其主要成员在政见方面的较大分歧外,相互之间的权力争斗更是造成新党集团内部产生裂痕的一个重要因素。比如,曾布拉拢林希等人力图挽留陈瓘,即主要出于同章惇、蔡卞等人争权夺势的政治需要,企图借助陈瓘等人这支台谏势力更好地牵制和打击蔡卞等人。这种权力争斗自宋哲宗朝一直延续到宋徽宗朝。如元符三年(1100)三月,宋廷采纳曾布、韩忠彦、黄履的建议,下令"权发遣洺州龚夬为殿中侍御史,权发遣卫州陈瓘为左正言,添差袁州酒税邹浩为右正言"。针对这种处置结果,宋徽宗、曾布在对话中曾谈道:

> 上极称浩,且谓布曰:"浩击章惇文字待降出。"布因言:"言路得人,中外孰不鼓舞。唯章惇、蔡卞不乐尔。"③

---

① 《长编》卷491,绍圣四年九月戊午,第11652页。
② 《长编》卷485,绍圣四年四月乙未,第11532页。
③ 《宋史全文》卷14,元符三年三月,第916页。

我们从中可以发现,宋徽宗、曾布希望借助陈瓘等台谏官牵制、打击蔡卞等人的这种政治目的在此已暴露无遗。但到该年九月,宋廷则以"累言皇太后尚预国事,其言虚诞不根"的罪名而改命陈瓘兼差扬州粮料院,不久又改知无为军。这样看来,陈瓘此次就任左正言一职的时间可以说相当短暂。而在稍后十月时,宋徽宗曾称"陈瓘极不可得。前日遣人送黄金百两,瓘受赐泣下"①,这恐怕更多的是一种表面文章。客观而言,陈瓘此次被贬的原因,主要还是他的许多政论与宋徽宗、曾布统治集团冲突,而至于"累言皇太后尚预国事,其言虚诞不根"不过是宋廷将他逐出朝堂的一个借口。

之后,宋廷采纳提举实录院韩忠彦的"陈瓘、晁补之皆有词学,堪备史职"②这一建议,在建中靖国元年(1101)三月时又任命陈瓘为著作佐郎、实录院检讨官,晁补之为礼部郎中兼实录院检讨官。该年八月,自著作佐郎改任右司员外郎的陈瓘与左司员外郎朱彦舟至都堂一起拜见左仆射曾布,陈瓘当时即对曾布多有指责:

> 阁下德隆功大,四海之内所赞颂也。然谓阁下无过,则不可尊私史而压宗庙,缘边费而坏先政,此二者,阁下之过也。违神考之志,坏神考之事,在此二者,天下所共知而圣主不得闻其说。蒙蔽之患,孰大于此!
>
> 阁下于(陈)瓘有荐进之恩,(陈)瓘不敢负,是以论吉凶之理,献先甲之言,冀有补于阁下。若阁下不察其心,拒而不受,则今日之言,谓之负恩可也。③

---

① 《宋史全文》卷14,元符三年十月丙申,第921页。
② 《宋史全文》卷14,建中靖国元年三月戊寅,第924页。
③ 黄以周等辑注;顾吉辰点校:《续资治通鉴长编拾补》(以下简称《长编拾补》)卷18,建中靖国元年八月壬子,北京:中华书局,2004年,第647-648页。

在此,陈瓘直言曾布作为朝廷重臣在"尊私史而压宗庙,缘边费而坏先政"这些重大事件中负有不可推卸的重要责任,同时也明确表明自己不会因曾布的"荐进之恩"而以私害公的态度。此次拜见,成为陈瓘、曾布之间一次重要的政治交锋,同时也标志着双方矛盾再次升级。从曾布这一方面来讲,他在此次谈话过程中面对陈瓘的这种严厉批评,其态度经历了由"至箕踞谇语"到"矍然改容"①的前后转变,并明确宣称不会因此而计较陈瓘的指责,"此书它人得之必怒,布则不然,虽十书不较也"②。

此后,陈瓘陆续采取的一系列重要举动,则将二人之间的矛盾、冲突进一步推向激化。陈瓘在此次面谈结束时曾将《日录辨》《国用须知》一并交给曾布,并在次日"又录所上布书及《日录辨》、《国用须知》具状申三省",同时表明自己"不达大体,触忤大臣,除具申御史台乞赐弹劾外,伏乞敷奏,早得窜黜"③的态度。在《国用须知》中,陈瓘对当时朝廷的财政政策、举措等都给予了相当严厉的批评:

> 臣窃惟神考立法之意,取民之财,还以助民。故天下诸路,州州县县各有蓄积,将以待非常之用,不使有偏乏之处。故右曹钱物不得与别司交杂,违条辄用者徒二年。自元丰七年以常平等积剩财物补助边费,岁取二百万缗为额,只以三年为期。盖不欲多费天下民财以资边用。神考爱民之虑,可谓深矣远矣。今当绍述此意,岂宜取三十年间根本蓄藏之物,一切大违成宪,而偏用之于一方乎?
>
> ············
>
> 今则不然,耗根本之财,坏已成之法,虽西边用度目前不乏,而天下方匮乏,患将由此而作矣。盖神考为子孙万世之虑,故政事既立,而天

---

① 《宋史》卷345《陈瓘传》,第10963页。
② 《桯史》卷14《陈了翁始末》,第158页。
③ 《长编拾补》卷18,建中靖国元年八月癸丑,第650页。

下无乏财之患。今日坏神考之法,则天下之患,必自乏财而生,此必然之理也。①

从中可以看出,针对元符年间、建中靖国年间宋廷为应付西北边事、虚内事外的做法,陈瓘给予了相当严厉的批评。而相对于《宋朝诸臣奏议》中的记载,《续资治通鉴长编拾补》中对陈瓘进奏《国用须知》一事也有着概括性的记述。为便于相关问题的说明,现摘录如下:

> 臣闻神宗有为之叙始于修政事,政事立而财用足,财用足而根本固,此国家万世之利而今日所当继述者也。臣近缘都司职事,看详内降札子,裁减吏员冗费,以防加赋之渐,为久远虑,天下幸甚!然今日朝廷之计,正以乏财为患,西边虽已罢兵,费用不可卒补。遂至于耗根本之财,坏神考之政,加赋之渐,兆于此矣。臣昨守无为,奉行诏令,窃见一年之内,连下五敕,而天下诸路三十年蓄藏之物,皆已运之于西边。堕先政于罢兵之后,资国计于冗费之余。譬如决江河之大防,蓄沟浍之小润,非曰无涓涓之助,何以补汤汤之流!大违神考之心,殊乖继述之义。②

体现到陈瓘的《国用须知》中,他对元符年间以来西北军事活动的批评,最关键的落脚点即在于"遂至于耗根本之财,坏神考之政"这一方面。而陈瓘的这种主张,无疑也是服务于他对绍述之政以及建中靖国初年宋廷执政政策的抨击。他的这种言论,自然与当时宋徽宗、曾布等人联合推行的调和新党、旧党之争这一总方针格格不入。

针对陈瓘进奏《国用须知》这种举动,宋徽宗在与曾布的谈话中即曾直

---

① 《宋朝诸臣奏议》卷104《上徽宗进国用须知》,第1108—1110页。
② 《长编拾补》卷18,建中靖国元年八月壬子条记事,第645—646页。

言,"卿一向引瓘,又欲除左右史,朕道不中,议论太偏",并随即下令将陈瓘贬至泰州。面对宋廷对陈瓘的这一处置结果,中书舍人邹浩随即指出,"(陈)瓘素以声闻,推重一时,今到都司,曾未逾月,遽令外出,恐非所示天下而慰公议也。伏望收还新命,以全朝廷待士之体",并声称"所有录黄,未敢签书行下",企图以此促使宋廷收回成命、取消对陈瓘的处罚。右谏议大夫陈次升也认为,"今闻(陈)瓘以宰属议论不合,因此罢去,审如所传,不惟有遗人材,亦虑有失人望。伏望圣慈更赐详酌施行"①。此外,韩忠彦、陆佃在当时也对陈瓘极力加以救助,奏称"(陈)瓘言诚过当,若责之,则更以此得名,曾布必能容之也"②。经数人的轮番陈请,宋廷这才稍微减轻了对陈瓘的处罚力度,但仍坚持将陈瓘逐出朝堂、贬往泰州。不仅如此,宋徽宗在事后与知枢密院事、同知枢密院事章楶的谈话中也指出,"(陈)瓘为李清臣所使,元祐人逐大半,尚敢如此。曾布以一身当众人挤排,诚不易"。由此可见,宋徽宗等人在当时所奉行的"元祐小人,不可不逐"执政政策,应该才是导致陈瓘被贬的根本原因。针对宋徽宗处置陈瓘的这种做法,曾布也乘势表示,"陛下初下诏,以为用人无彼时此时之异;若臣下便能将顺奉行,则必不至今日如此分别。然偏见之人,终不可率,当更缓治之"③。这样,在此次公开冲突中,陈瓘由于其政治态度、立场与宋徽宗、曾布等主政者的执政理念严重相左而再次遭到贬斥。

通过本章的探讨我们可以看出,陈瓘在元丰二年(1079)参加科举考试,考中进士后步入北宋仕途,曾先后在濠州、越州等地任职,后自绍圣元年(1094)开始担任太学博士等职。在元丰到元祐年间,再至绍圣、元符年间,北宋政坛也先后不断发生着重大转变。在这一政局变化过程中,陈瓘的政治立场、态度也发生着潜移默化的转变,即由元祐时期更多地处于政治观

---

① 《长编拾补》卷18,建中靖国元年八月甲寅,第650-651页。
② 《桯史》卷14《陈了翁始末》,第158页。
③ 《长编拾补》卷18,建中靖国元年九月己未,第657页。

望、面对新党的拉拢采取规避态度,到绍圣、元符年间倡导"消朋党,持中道""若稽古"等主张,这也表明他逐渐参与到宋哲宗朝诸多政治活动中来。陈瓘在宋哲宗朝的诸多政治主张、建议与新党的执政政策多有冲突,这也导致他与章惇、蔡卞等新党成员的政治分歧日益加深。综合考虑陈瓘在宋哲宗朝的一系列相关政治活动、政治主张,可见在绍圣、元符时期政治斗争的发展中,他已由最初在政治活动中的观望、中立,转而完全站在旧党这一阵营中。陈瓘在绍圣、元符时期所倡导的"消朋党,持中道""若稽古"等相关主张,从表面上来看是秉承中立、持中的立场,但在当时复杂的政治斗争环境下,其实质却是极力为元祐旧党开脱、抵制绍述新政。因此,如果说陈瓘在元符时期在政治上已经转化为旧党一员,这大体上应该是可以成立的[1]。这种结果的出现和进一步发展,也为陈瓘在这一时期乃至今后所遭受的种种政治贬处造成重要影响。

---

[1] 关于陈瓘在政治立场上是否应归属于元祐旧党这一问题,目前在史学界尚存在较大分歧。比如张家伟将陈瓘定位为政治中立者、元祐同情者(参见其《从政事到学术:徽宗时期王安石批判的重心转变》第423页,《华东理工大学学报》2021年第5期)。陈亚玲认为,"陈瓘早年服膺于王氏新学,且并不认同元祐政治。他之所以名入元祐党籍主要是因为不依附蔡京。他在后世之所以被人目为元祐党人,实与其对司马光学术的推崇、理学家对他的推崇、高宗对其的褒奖以及史官的美化有关。元祐奸党是蔡京为打击政敌而列,陈瓘虽位列其中,但事实上与元祐政治并无多少关联"(参见其《陈瓘与〈四明尊尧集〉研究》第145页,华东师范大学2021年硕士学位论文)。相对于此,笔者则认为:陈瓘之所以在崇宁年间被纳入"元祐党籍",这固然与蔡京集团对他的政治打击、迫害密切相关,但也与他在绍圣、元符时期一系列政治主张的提出紧密相连。绍述时期,陈瓘大体上已经由原来的政治中立者而完全转向元祐旧党一方。因此,陈瓘在宋徽宗年间被纳入"元祐党籍"也就不足为奇了。

第三章 陈瓘在宋徽宗朝的主要政治活动

宋徽宗即位后,随着宋廷内部自"建中靖国"到崇宁年间三次确立元祐党籍碑等一系列重大政治事件的发生,政治局势较之此前再次发生重大转变。在这种政治局势的发展、演变过程中,陈瓘与章惇、曾布、蔡京等权臣的斗争不断展开,而其政治命运也随着北宋政局的起伏而多有变化。在经历这一时期一系列政治斗争的过程中,陈瓘对宋徽宗的执政举措仍是多有批评和指责的,而这也直接导致其自身不断被贬、政治处境愈加恶化。

第一节　陈瓘与"绍述之党""元祐之党"斗争的消涨

宋徽宗即位的元符三年(1100),恰值由宋哲宗朝向宋徽宗朝过渡的关键时期。宋徽宗即位后,各种政治势力之间的相互较量也相当突出。就陈瓘而言,他在这一阶段仍是与龚夬、邹浩等人一道频频对朝政以及章惇、曾布、蔡京、蔡卞等权臣展开批评,其政治立场、政治主张已经同旧党成员趋于一致。

一、元符三年中的陈瓘

在元符三年(1100)宋哲宗猝然辞世后,由于向太后、曾布等人的极力坚持,端王赵佶才得以接任皇位,这也标志着北宋政局的发展自此步入了一个新的阶段。客观而言,在宋徽宗即位这一重大问题上,向太后的政治向背固然发挥了重要作用,但它也与绍圣、元符以来各种势力的此消彼长有着内在的密切关联。

从新党内部来看,在绍圣初,由于在打击元祐党人、废除元祐之政上的一致和统一,加之新党在章惇、蔡卞、曾布等核心力量的领导下,又获得了宋哲宗的鼎力支持,故此能够结成一个休戚相关、荣辱与共的政治统一体而共同推行"绍述之政"。但随着"绍述之政"的继续深入,新党集团内部也开始出现分化与重组的危险倾向,其中章惇、曾布、蔡京、蔡卞等人之间的内部矛盾与冲突日益明显。到绍述后期,曾布更是多以貌似公正的面目出现,与章惇、蔡卞等人持不同政见,甚至在宋哲宗面前公开指斥章惇、蔡卞等人动辄以朋附元祐党人为由排斥异己。而在宋哲宗去世前后,曾布更是利用其长期积累起来的政治资本,公开抛弃旧日的新党同僚,逐步引进元祐党人或倾向于元祐党人的官员。其中,韩忠彦、陈瓘、邹浩等人即于此时被延引入朝。元符三年(1100)初,曾布、蔡卞等人以"定策之功"而初步奠定了各自在宋徽宗朝的政治地位。这一局面在很大程度上也是二人联合对抗章惇的结果。相对而言,在皇位交接过程中,章惇却坚称端王赵佶"轻佻不可以君天下"①,极力反对策立端王,这也就为他后面在宋徽宗朝的悲惨政治命运埋下了隐患。

元符三年(1100)三月,宋徽宗正式即位,向太后垂帘,韩忠彦、李清臣、黄履等人重返朝廷并均获擢升,韩忠彦、章惇并相的局面初步形成。随之,在曾布、韩忠彦等人共同举荐之下,陈瓘召拜左正言,龚夬为殿中侍御史,邹浩为右正言。在此过程中,曾布在举荐陈瓘等人的上疏中即明确宣称:"瓘等久当进用,为(蔡)卞等所抑。(蔡)卞无它,见人不附己者,便恶之。"②显而易见,曾布对陈瓘的这种举荐,是直接以牵制蔡卞为政治目的的。经此番调整,台谏基本上已经操纵在以陈瓘、龚夬、邹浩等人为主的这批倾向元祐党

---

① 《宋史》卷22《徽宗本纪四》,第417—418页。
② 《陈忠肃公言行录》卷1《年谱》。

人的官员手中。之后,宋廷再次下诏,对元祐大臣大量叙复,北宋政局的发展至此已相当明朗。在这一政治气候下,陈瓘等人以台谏为阵地,加之曾布、韩忠彦等人政治上的支持,展开了对章惇、蔡卞、邢恕、安惇等新党成员的弹击。如元符三年(1100)六月,陈瓘即在其上疏中对邢恕极力加以抨击:

> 伏见龙图阁待制、新知荆南邢恕,昨者自谓亲闻司马光所说北齐宣训事,谓光等有凶悖之意,遂以其语告于章惇,而光及范祖禹等缘此贬窜;又以文及甫私书达于蔡确母明氏,谓刘挚、梁焘、王岩叟皆有奸谋,而挚等家族几至覆灭。今朝廷赦宥光等,尽复其官,矜恤之恩,遍及存没,则是恕是日之所行不为陛下之所信也。按恕尝以反复诡诈,得罪先朝,昔者抗疏自列之言,今可考也,恕之得罪于公议固已久矣。今宠以华职,付以大藩,中外沸腾,不以为允。伏望特降睿旨,原情定罪,以协公议。①

值此之际,陈瓘在上疏中再次对绍述之政予以批评。他指出:"陛下欲开言路,首还邹浩,取其有既往之善,可谓得已试之才,允合人心。"同时,陈瓘又认为:"御史中丞安惇尚缘往事论浩罪恶,欲寝已成之命,自明前举之当。"对此,陈瓘认为"其说以谓先朝之事,且当遵承;国是所系,不可轻改",故不足取;不改父之臣与父之政,是孟子、庄子所谓的"孝","何足为天子道哉"? 因此,陈瓘建议:"邹浩既来,安厚卿可去矣……黜幽之典,宜自安(惇)始。"②之后不久,朝廷即将安惇罢知潭州,这无疑也正是陈瓘等人借助台谏这一阵营和曾布、韩忠彦等人的支持而对其接连弹劾的直接结果。陈瓘等人之所以频频发起对安惇的接连弹劾,其真实目的即在于要将攻击的矛头最终直指章惇、蔡卞等人。

---

① 《长编拾补》卷16,元符三年六月乙巳,第600页。
② 《陈忠肃公言行录》卷1《年谱》。

元符三年(1100)七月,借星变之机,时任右正言的陈瓘在其上疏中进一步指出:

> 臣尝以谓天下大器也,譬如一舟。舟平则安,舟偏则危。自绍圣以来,宰舟之人,实右而虚左;舟势不平,几于倾覆。观者胆落,亦已久矣。自陛下即位以来,好平恶偏,损诸右而迁于左,十损一二,舟势尚偏。臣愿陛下察用偏同济之人,采旁观胆落之语,广谘博访,而审其所以然也……今陛下左右之臣,在绍圣中负诬神考,雠毁宣仁,而不能奉承哲宗继述之意,同心合谋,非一人也。愿陛下躬揽之初,速正其罪,且无使有侥幸苟免之人,则用法轻重不至于不平矣。消弭天变,莫大乎此。①

从陈瓘的此次上疏可以看出,他的这种主张表面上仍坚持其"消朋党,持中道"这一论调,但实际上更主要的目的则是建议宋廷进一步打击章惇、蔡卞等新党政治势力。而对于旧党在元祐年间的"不待三年,大改先政"这一做法,陈瓘则认为是"此既往欲速之失也。臣谓改之是也,欲速非也"②。也就是说,站在陈瓘的角度上,他认为元祐更化的诸番举动是正确的,只是实施的速度过快罢了。基于这样一种认识、立场,陈瓘在这一时期对章惇、蔡卞等人的诸多弹劾也就不足为奇了。如在该年九月,陈瓘即在上疏中指责章惇、蔡卞等绍述新党"专以私意主张王氏,违神考日新之绪,述(王)安石熙宁之迹。凡先朝之政所以膏润天下者,皆以为王氏之泽也,所谓'不敬其亲而敬他人,悖德,民无则焉'"③。

陈瓘、邹浩、陈次升等人也轮番展开对章惇的弹劾。例如,陈瓘弹劾左

---

① 《宋朝诸臣奏议》卷44《上徽宗论星变》,第465-466页。
② 《宋朝诸臣奏议》卷119《上徽宗乞以四次更改前事为鉴》,第1312页。
③ 《宋朝诸臣奏议》卷119《上徽宗乞以四次更改前事为鉴》,第1312页。

仆射章惇的罪状之一即为专权,称其"独干政柄,首尾八年,迷国误朝,罪不可掩";罪状之二则为严重失职,即"奉使无状,率职不虔,致哲宗皇帝大升轝陷于泥淖之中,露宿野次"。与陈瓘的上疏相配合,陈次升也在奏章中对章惇予以严厉抨击,声称"(章)惇自登揆路,专任阿私,残人害物,古所未有。奉使山陵,措(致)[置]乖谬"①,这与陈瓘为章惇所开列出的罪责基本相同。但陈瓘弹劾章惇的专权、失职这两大"罪状"却与实际情形并不相符。首先,章惇所推行的诸多举措,是获得宋哲宗的大力支持和认同的,同时也是绍述时期宋哲宗、章惇统治集团绍述熙丰之政、打击元祐旧党这一总原则下的产物,因而对章惇冠以"专权"的罪名是无法成立的;其次,将"奉使无状,率职不虔,致哲宗皇帝大升轝陷于泥淖之中,露宿野次"列为章惇的一大罪状,把这种由于天气原因而导致的结果归为章惇的罪责也颇为牵强。但尽管如此,陈瓘、陈次升等人针对章惇的猛烈弹劾,对于当时正欲罢黜章惇的宋徽宗而言却可谓正中下怀。在此之前,宋徽宗对于章惇最初极力反对自己继承皇位一事始终耿耿于怀,但又苦于找不到一个适当的时机将其贬黜。此时陈瓘、陈次升等台谏官对章惇交章弹奏、群起而攻之局面的出现,则恰恰为宋徽宗乘机处置章惇提供了一个极佳的口实,从而顺势以"定策之际,阴怀异志,独倡奸言"②等罪名解除了章惇的相职,并随后将其先后贬至越州、潭州等地。至此,章惇被排挤出中央权力核心,而这种局面也正是宋徽宗集团所期待的。对于这一结果的形成,陈瓘等台谏官员无疑发挥了重要作用。

在陈瓘、任伯雨、龚夬等人对蔡卞的弹劾中,将假绍述之名以谋其私作为蔡卞的重要罪状之一。关于这一点,在诸如《邵氏闻见录》等史籍中也有着相应的记载和体现:

---

① 徐松辑;刘琳、刁忠民、舒大刚、尹波等校点:《宋会要辑稿》(以下简称《宋会要》)职官78之29,上海:上海古籍出版社,2014年,第5205页。
② 《宋宰辅编年录》卷11,元符三年九月辛未"章惇罢左仆射"条,第894页。

> 公(王安石)所谓《日录》者,命(王)防收之。公病甚,令(王)防焚去,(王)防以他书代之。后朝廷用蔡卞请,下江宁府,至(王)防家取《日录》以进。(蔡)卞方作史,惧祸,乃假《日录》减落事寔,文致奸伪,上则侮薄神宗,下则诬毁旧臣,尽改元祐所修《神宗正史》。盖荆公初相,以师臣自居,神宗待遇之礼甚厚。再相,帝滋不悦,议论多异同,故以后《日录》卞欺,神宗匿之。今见于世止七十余卷,陈莹中所谓尊私史以压宗庙者也。①

而《邵氏闻见后录》中对陈瓘弹劾蔡卞的情形有着更详细的记述:

> 绍圣以来,权臣挟继述神宗为变者,必先挟王荆公。蔡氏至以荆公为圣人。天下正论一贬荆公,则曰:"非贬荆公也,诋神宗也,不忠于继述也。"正论尽废,钩党牢不可解,仁人君子知必为异日之祸,其烈不可向,无计策以救。陈瓘莹中流涕以问谏大夫刘安世器之曰:"叵奈何?"(刘)器之亲受司马文正公之学,胆智绝人,曰:"不自神宗,不自荆公不可救。"故莹中反疏蔡氏所出荆公《日录》语中诋神宗事,曰《尊尧集》云。意上心不平于荆公,则蔡氏可伐,正论可出,钩党可解,异日之祸可救也。②

应该说,陈瓘对蔡卞的这种指责虽有其一定道理,但为了实现将蔡卞逐出朝堂的目的也多有污蔑。任伯雨甚至声称"(蔡)卞之恶有过于(章)惇"③。

陈瓘、邹浩等台谏官对于蔡卞的讨伐,也是毫不避忌的。陈瓘曾明确指出,尚书左丞蔡卞所为过恶,而此前章惇的所作所为也均为蔡卞在背后指

---

① 邵伯温撰;李剑雄、刘德权点校:《邵氏闻见录》卷12,北京:中华书局,1983年,第128页。
② 邵博撰;刘德权、李剑雄点校:《邵氏闻见后录》卷23,北京:中华书局,1983年,第179页。
③ 《宋史》卷472《奸臣传二·蔡京传蔡卞附传》,第13729页。

使、教唆的结果;蔡卞表面上以绍述神宗之政为名,实际上却是暗中"以篡绍(王)安石为主,立私门之所好,以为国是;夺宗庙之大美,以归私史"。正是基于这样一种认识,陈瓘指出"(章)惇迹易明,(蔡)卞心难见"。同时,陈瓘又指出,蔡氏兄弟在绍圣之初"俱在朝廷,导赞章惇,共作威福",由此而达到其专权的目的。在陈瓘看来,他认为蔡氏兄弟与章惇在相互支持、相互配合的过程中所发挥的作用、所扮演的角色又各有不同:"(蔡)卞则阴为谋画,(章)惇则果断力行,且谋且行者(蔡)京也。""(蔡)卞于此时,假继述之说,以主私史;(章)惇于此时,因(宋哲宗)委任之笃,自明己功;(蔡)京则盛推(王)安石之圣,过于神考,以合其弟;又推定策之功,毁蔑宣仁,以合章惇。(章)惇之矜伐,(蔡)京为有助;(蔡)卞之乖悖,(蔡)京实赞之。"①

针对宋徽宗专任翰林学士承旨蔡京修撰《哲宗实录》一事,陈瓘也颇有异议,认为:"国家自太宗以后,每朝实录,提举、修撰皆有正官,用度虽多,不敢惜费,命官虽众,不敢惮烦,所以重大典而敬先朝也。"那么,现在专委蔡京兼修《哲宗实录》,就颇有蔡京专擅史局、朝廷不欲重违蔡京的嫌疑。对于宋廷的这种安排,陈瓘认为是因蔡京一人而改先朝典制,则"朝廷之所以厚(蔡)京者过于哲宗"②。因此,陈瓘建议诏三省、枢密院检会以前"故事",对专委蔡京兼修《哲宗实录》一事加以纠正,由此来彰显朝廷厚尊宋哲宗之意。

另外,陈瓘在其《上徽宗乞读资治通鉴》这一上疏中,向宋徽宗指出"人君稽古之学,一经一史。经则守之而治身,史则考之而应变。天下之事,其变无穷,故往古可监之迹,不可以不详知也……盖自祖宗以来,圣圣相继,稽古之学同乎一心,以后述先,非一日之积也",同时建议"继而张之,正在今日……候经筵开日,令侍读官读《资治通鉴》,以承神考所以继述英庙缉熙圣

---

① 吕祖谦编;齐治平点校:《宋文鉴》卷62《论蔡京》,北京:中华书局,1992年,第917页。
② 《宋朝诸臣奏议》卷60《上徽宗论哲宗实录不当止差蔡京兼修》,第658页。

学、垂训后嗣之意"①。在此,陈瓘的主张一方面是对其此前"若稽古"之论的进一步阐发,另一方面在某种程度上也暗含着对绍圣时期一改元祐之政的抨击。众所周知,司马光等人当初编纂《资治通鉴》的一个重要政治目的,即在于希望借此来改变宋神宗等人推行变法的政治立场。而从这一时期陈瓘的上疏来看,也暗含着借此来影响宋徽宗朝执政走势的意图。

由陈瓘的上述这些言论可以明显看出,这一时期他已完全站在元祐党人的政治立场上而对章惇、蔡卞、蔡京等人加以口诛笔伐,这也标志着他的政治立场、观点到此时已发生了重大变化。而陈瓘对蔡京等人三番五次的弹劾,也导致他为此遭到宋廷的贬黜。元符三年(1100)九月,宋徽宗即明确指出,"陈瓘累言皇太后尚与国事,其言多虚诞不根,可送吏部与合入差遣"②,并以此为由下令将陈瓘贬为差监扬州粮料院。对于宋廷的这种处置结果,朝臣中也不乏为陈瓘求情者。如翰林学士曾肇,当时即在其上疏中极力为陈瓘开脱罪责:

> 夫以皇太后定策之明,还政之速,着人耳目,可谓盛矣。今陈瓘以一言上及,遂致贬斥,非皇太后圣意。然四方万里之远,岂能家至户晓?万有一人或谓皇太后有所不容,则于威德不为无累。此臣惓惓之私,不能无疑也。以臣愚计,皇帝以(陈)瓘之所言狂率而逐之,皇太后以天地之量,隐忍包容,特下手书而留之,则天下之人,必曰皇帝恭事母仪,不容小臣妄议,其孝如彼;皇太后功德巍巍而能含洪光大,虽有狂言,不以为罪,其仁如此。两谊俱得,岂不美哉!③

曾肇的这一上疏,以避免宋徽宗、皇太后声望的损毁为由,希望宋廷能够免

---

① 《宋朝诸臣奏议》卷6《上徽宗乞读资治通鉴》,第58页。
② 《长编拾补》卷16,元符三年九月庚辰,第607页。
③ 《长编拾补》卷16,元符三年九月甲申,第611页。

除对陈瓘的处罚,但最终却并未被采纳。而到陈瓘准备离开京师赶往扬州就任时,宋廷又改命他知无为军。针对宋廷这种朝令夕改的做法,陈瓘随即上奏加以反对,声称"(蔡)京在朝廷,则国家未安,臣虽移得差遣,有何安乎?臣之不敢受命者,其说如是露章所言,未甚子细,复以此章干渎圣听,所以尽惓惓之诚也。所有知无为军敕,不敢祗受,迤逦前去扬州听候指挥"。但从最终结果来看,宋廷仍坚持"迤诏不许辞免"①,陈瓘也只得被迫赶赴无为军任职。

综合来讲,自元符三年(1100)正月宋哲宗辞世,之后又历经向太皇太后垂帘、宋徽宗即位,北宋王朝的政局也随之呈现出纷扰复杂的局面。而在政治局势的变动过程中,除却新、旧两党之争仍为朝堂斗争的主体外,在最高统治集团内部也有着新问题、新矛盾的出现,即新党主要成员之间的权力之争以及内部分化也渐趋激烈。这一时期,陈瓘会同邹浩、龚夬等台谏官一起,联合对章惇、蔡卞、蔡京、邢恕等人不断加以弹劾,从而迫使这些人员长期或暂时被排斥到中央权力核心之外,这也就在一定程度上比较有力地削弱了新党的整体实力及其影响。而在这一特殊时期,曾布则是利用这种时机,借助陈瓘等人所组成的这股台谏势力,同时巧妙利用宋徽宗与章惇等人之间的矛盾,从而对章惇、蔡卞、蔡京及其集团的势力或明或暗地进行大力打击。同时,曾布又通过对元祐旧党成员的逐渐引用与推荐,得以在其政治投机活动中使自己权力中心的地位逐步确立并更加巩固。②这样,陈瓘等台谏官的活动,无形中也恰恰成为宋徽宗、曾布统治集团对章惇等人进行政治迫害与排斥的有力辅助。但从一定程度上来讲,陈瓘等人这种台谏活动的开展,也是同曾布等人之间对于权力的一种相互借助和利用,客观上对钳制和削弱章惇、蔡卞等新党势力起到了一定作用,实现了各自一定的政治目的。同时,透过此期陈瓘的一系列政治活动,我们也不难发现,包

---

① 《长编拾补》卷16,元符三年九月丁亥,第612页。
② 以上参见《北宋党争研究》,第266-267页。

括陈瓘在内的这批台谏官其诸多主张、言论的提出,更多的还是站在元祐旧党的立场上开展政治斗争,这也导致其与新党集团的政治裂痕不断加深。

二、陈瓘与"建中靖国"

通过曾布等人与大批还朝的元祐党人在元符三年(1100)的相互联合,绍述新党在中央权力核心的主要力量基本已被排挤出去。在这种政治局势的新变化下,加之又得到来自宋徽宗的大力支持,由曾布主持朝局的政治格局到这一时期逐渐形成,同时也将"元祐、绍圣均有所失,欲以大公至正消释朋党"①的新执政方针逐渐确立下来。元符三年(1100)十一月,宋廷又决定改来年为"建中靖国"元年。这些变化都标志着北宋政局至此开始步入一个新阶段。

宋徽宗即位后,宋廷陆续诏令丰稷等旧党成员还朝。随着这种新、旧两党并用局面的形成,旧党成员乘机迅速展开对蔡卞、蔡京的猛烈弹劾。如丰稷在还朝后被任命为御史中丞,他在其上疏中即公开"论(蔡)京奸状",而陈瓘等人则紧随其后——"既而陈瓘、江公望皆言之"。但从最后结果来看,丰稷、陈瓘等人此次联合对蔡京所开展的弹劾并未奏效。事后,丰稷曾对陈师锡等人直言:"(蔡)京在朝,吾属何面目居此?"从而再次展开对蔡京的连番弹劾,最终导致"(蔡)京遂去翰林"②。此番对蔡京的连番弹劾,陈瓘也多参与其中。

建中靖国年间,陈瓘等台谏官对蔡卞、蔡京等人的弹劾时有出现。如建中靖国元年(1101),陈瓘、任伯雨、龚夬等人即在上疏中为蔡卞罗列出六大罪状:

---

① 《资治通鉴后编》卷93,元符三年十一月丁卯,史343-722。
② 《宋史》卷321《丰稷传》,第10425页。

诬罔宣仁圣烈保佑之功,欲行追废,一也;凡绍圣以来窜逐臣僚,皆卞启而后行,二也;宫中厌胜事作,哲宗方疑,未知所处,(章)惇欲召礼法官通议,(蔡)卞云:"法矣,何用礼法官议?"皇后以是得罪,三也;编排元祐章牍,萋菲语言,被罪者数千人,议自(蔡)卞出,四也;邹浩以言忤旨,(蔡)卞激怒哲宗,致之远谪,又请治其亲故送别之罪,五也;塞序辰建看详诉理之议,章惇迟疑未应,(蔡)卞即以二心之言迫之,(章)惇默不敢对,即日置局,士大夫得罪者八百三十家,凡此皆(蔡)卞谋之而(章)惇行之,六也。愿亟正典刑,以谢天下。①

陈瓘等人为蔡卞所列罪状,即包括诬毁太皇太后高氏对宋哲宗的佑护之功而主张对其加以追废、主导对元祐大臣的窜逐、违法究治宫中厌胜一事而致使皇后获罪、编排元祐章奏而陷害大批大臣、煽动宋哲宗贬谪邹浩、迫使章惇设置诉理所陷害士大夫等六大方面。而也正是由于陈瓘等人对蔡卞的严厉抨击,导致蔡卞以资政殿学士被贬知江宁府,稍后又被"连贬少府少监,分司池州"②。从宋廷对蔡卞的处置来看,宋徽宗也是在利用陈瓘等台谏官对蔡卞的联合抨击而顺势将其逐出朝堂。

建中靖国元年(1101)八月,身为右司员外郎兼权给事中的陈瓘进而向朝廷进奏《国用须知》,指出在宋廷中书主民、枢密主兵、三司主财这一体制下,中书省、枢密院、三司彼此之间存在着各自独立、并不互通国家财计收支的情形,因而极易导致财已匮而枢密院仍益兵不已、民已困而三司仍取财不止、中书视民困而又无权令枢密院裁军和令三司节财局面的出现。陈瓘的此番言论可以说并无新意,但他上奏的主要原因还是在于他在《国用须知》中进而指出的,熙丰年间宋神宗推行理财之政,自财政角度而言能够做到"法先王而虑万世",而到元祐年间"元祐之臣虽有纷更,然天下所积财物,朝

---

① 《宋史》卷472《奸臣传二·蔡京传蔡卞附传》,第13729页。
② 《宋史》卷472《奸臣传二·蔡京传蔡卞附传》,第13729页。

廷亦不尽取"①。但我们应该看到,陈瓘的这种言论,一方面是在宋徽宗、曾布等人联合推行"建中靖国"之政、力行调和新旧两党的政治局势下,陈瓘对熙丰之政中理财措施、成效在总体上的充分肯定,尚未给予批评和指责;另一方面,陈瓘在此对元祐时期理财举措的推行及其整体成效,则是予以"虽有纷更,然天下所积财物,朝廷亦不尽取"这样一种评价,而这却与当时的实际情况大相径庭或者说是多有掩盖。事实上,元祐时期的真实财政状况可以说是颇为糟糕的,"元祐诸臣曾经痛诋变法派'诛敛''掊克',而事实上,在他们掌权的几年中,比变法派'诛敛''掊克'得还要厉害","元祐诸臣又都是十足的实用主义者,口头上大骂变法派'诛敛''掊克',而实际上却把'诛敛''掊克'的钱财恣意挥霍"②。反观元祐时期的财政状况,元祐三年(1088)闰十二月参与《元祐会计录》编订的户部尚书韩忠彦和户部侍郎苏辙、韩宗道奏称:

> 大抵一岁天下所收钱谷、金银、币帛等物,未足以支一岁之出。今左藏库见钱费用已尽,去年借朝廷封桩末盐钱一百万贯以助月给,举此一事则其余可以类推矣……今日文武百官宗室之蕃,一倍皇祐,四倍景德,班行、选人、胥吏之众,率皆广增。而两税、征商、榷酒、山泽之利,比旧无以大相过也。昔祖宗之世,所入既广,所出既微,则用度饶衍,理当然尔。今时异事变,而奉行旧例,有加无损。今天下已困弊矣,若更数年,加之以饥馑,因之以师旅,其为忧患,必有不可胜言者。③

韩忠彦、苏辙、韩宗道的联合上奏,应该说比较真实地反映出了元祐时期财

---

① 《宋朝诸臣奏议》卷103《上徽宗进国用须知》,第1108页。
② 漆侠:《宋代经济史》第一编第十章第二节,《漆侠全集》第三卷,保定:河北大学出版社,2008年,第406页。
③ 《长编》卷419,元祐三年闰十二月庚戌,第10148—10149页。

政入不敷出的窘况。而陈瓘的言论,更多的则是对元祐时期理财举措、成效极力的掩饰和庇护,他对元祐时期总体财政状况的评价与该时期的实际情况可以说严重不符。

同时,对于元符三年(1100)至建中靖国元年(1101)的宋廷财政状况,陈瓘在其上疏中也多有相应的评论和担忧:一方面,陈瓘认为宋廷"一年之内,连下五敕,而天下诸路三十年蓄藏之物,皆已运之于西边。隳先政于罢兵之后,资国计于冗费之余,譬如决江河之大防,蓄沟浍之小润,非曰无涓涓之助,何以补汤汤之流?大违神考之心,殊乖继述之义"①;另一方面,陈瓘对宋廷这种大规模开展军事活动所引发的财政影响也深表忧虑,认为"夫州州县县蓄积之物,一年之内皆以五敕取之,而尚以乏财为患,可不虑哉"。也正是基于这些方面的考虑,陈瓘提出了建议:"臣愿陛下诏宰臣制国用,修户部右曹之政,明提举官覆奏之法,委官选吏,会计五敕所起都数若干,已到若干,未到若干……凡已往之费,不可追究,未来之费,所宜会也。"同时又不无忧虑地告诫宋徽宗:"困天下之力,坏神考之政,而数年之后未免阙绝,庙堂之上今亦可以觉悟矣。"②由此可以看出,对元符三年(1100)到建中靖国元年(1101)期间宋廷大兴西北战事对财政状况所造成的重要影响,陈瓘一方面认为它是对宋神宗时期理财政策的严重破坏,"坏神考理财之政",另一方面也批评了当时宋徽宗朝初期大规模开展军事活动引发财政状况恶化。

诚然,绍述新党所主持的对内经济改革,因对豪强兼并势力多有妥协和退让,致使其改革成效较之熙宁年间已大为退步,甚至比元丰年间还要有所倒退。但是,我们姑且抛开熙丰年间的理财成效不论,仅试观元祐年间旧党的理财效果,其实际成效又究竟如何呢?我们不妨来看看元祐大臣贾易等人的一些评论,应当说这更能比较客观、真实地反映出当时的一些实际情

---

① 《〈长编纪事本末〉点校》卷129《陈瓘贬逐》,第1431页。
② 《宋朝诸臣奏议》卷103,《上徽宗进国用须知》,第1109-1110页。

况。贾易在其上疏中指出,元祐期间"天下大势可畏者有五",其一即为"经费不充,而生财不得其道","一切用度皆匮乏,而敛散屈伸,无及时预备之计,人情易摇,则根本有微弱之虞"①。相对于此,苏轼在元祐七年(1092)也指出,当时"帑廪日益困,农民日益贫,商贾不行,水旱相继"②。凡此种种,无不从侧面有力证明,元祐年间旧党集团不仅未能在熙丰改革的基础上将宋廷的财政状况进一步向前推进,反而导致冗官激增而国库日竭等财政状况严重恶化局面的出现。这无疑也显示出元祐旧党在理财施政上的软弱与无能。之所以造成这一局面,很大程度上就是由于元祐旧党在非熙丰而是元祐思想的指导下,"皆与王安石已死之灰争是非,寥寥焉无一实政见之见于设施"③。左司谏翟思曾指出,"元祐以理财为讳,利入名额类多废罢,督责之法不加于在职之臣,财利既多散失,且借贷百出,而熙、丰余积,用之几尽",这也直接导致绍圣年间"内外财用,月计岁会,所入不足给所出"④局面的出现。翟思对旧党在元祐时期理财状况的总体评论,可谓一语中的地反映出当时的客观实情。综合参考元祐旧党与绍述新党的相关评论也就不难看出,新、旧两党在熙丰、元祐年间所分别推行的理财措施,在其客观效果上的优劣差异是显而易见的。而纵观元祐期间旧党的主政,为了达到否定、尽废熙丰之政的目的,"元祐之人持偏如故,凡论议于上前,无非誉元祐而非熙宁、元丰,欲一切为元祐之政,不顾先朝之逆顺,不恤人主之从违,必欲回夺上意,使舍熙丰而从元祐以遂其私志"⑤,完全采取了一种倒行逆施的施政举措。具体到财政方面,元祐旧党更是毫无建树可言。相对而言,曾布所称"神宗理财,虽累岁甲兵,而所至府库充积。元祐中非理耗散,又有出无入,

---

① 《长编》卷461,元祐六年七月己未,第11015页。
② 《长编》卷473,元祐七年五月壬子,第11289页。
③ 《宋论》卷7《哲宗四》,第142页。
④ 《宋史》卷179,《食货志下一·会计》,第4358页。
⑤ 《长编拾补》卷17,建中靖国元年七月壬戌,第212页。

故仓库为之一空"①,这种评价还是比较客观的,也确实符合当时的实情。因此,在理财问题上,陈瓘对元祐旧党的执政多有袒护和掩饰,这一点体现得颇为明显。透过陈瓘的这些主张也就不难看出,他在这一时期的政治立场与元祐旧党颇有相通之处。考虑到这种情况,陈瓘在这一时期反复为元祐旧党辩护、开脱也就顺理成章、不难理解了。

此外,陈瓘对宋廷绍圣元符年间、建中靖国年间的对夏开边战争诸如"隳先政于罢兵之后,资国计于冗费之余……大违神考之心,殊乖继述之义"②"以为转天下之积秏之西边,邦本自此拨矣"③之类的指责,又是否符合实情呢?答案显然也是否定的。就绍述新政而言,从军事角度尤其是对西夏战争这一方面来讲,绍述新党确实取得了北宋有史以来前所未有的辉煌战绩,这是不容抹煞的。反观元祐时期的旧党集团,则是将安疆、葭芦、浮图、米脂四寨拱手割让给西夏,幻想以此来换取北宋西北边境的安宁④。但是,元祐旧党这种妥协、偏狭的做法,其实际效果又究竟如何呢?它只能是更加暴露了宋廷的软弱,助长了西夏频繁侵扰北宋西北边境的嚣张气焰,"其意待西夏倔强时,只欲卑巽请和耳"⑤。在这一方面,元祐五年(1090)六月殿中侍御史上官均也曾指出:

> 臣窃观自陛下临御以来,惩前日边臣拓地邀赏之弊,而大臣采宋璟不赏边功之说,务以息兵养民为事,德意可谓至渥矣。然自朝廷纳西夏贡使,赉册报币,复与岁赐,恩礼不为不厚,而戎人骄恣,傲然无怀柔服

---

① 《长编拾补》卷18,建中靖国元年八月甲寅,第650页。
② 《长编拾补》卷18,建中靖国元年八月壬子,第214页。
③ 叶适著;刘公纯、王孝鱼、李哲夫点校:《叶适集·水心文集》卷1《上宁宗皇帝札子(二)》,北京:中华书局,2010年,第8页。
④ 《长编拾补》卷10,绍圣元年五月甲寅,第416页。
⑤ 《朱子语类》卷130《本朝四·自熙宁至靖康用人》,《新订朱子全书(附外编)》第19册,第4325页。

之意,遣使请地,邀求无已。乃知非恩之不至,待之不重,其弊在于姑息之太过耳。①

由此也可看出元祐旧党对西夏弃地求和、消极避战策略的失败。这样看来,我们如将元祐年间的旧党弃地西夏与新党在绍圣元符年间、建中靖国年间的对夏战争两相比照,旧党、新党在军事方面的政策差异自然也就显而易见。在此,陈瓘则完全秉持双重评判标准:一方面全然无视元祐旧党这种弃地于敌、对西夏妥协退让的无能表现,另一方面却大肆渲染绍圣元符和建中靖国年间开边战争期间的经费损耗,并将其无端冠以"大违神考之心,殊乖继述之义"的罪名。这无疑也是出于抨击绍圣元符之政、建中靖国之政的政治目的。陈瓘如此罔顾事实,颇为关键的一个原因即是坚持为元祐旧党辩解。

相反,绍述新党则一改元祐旧党一味妥协退让的消极做法,对西夏政权积极采取主动进攻的态势,极力推行拓边战略。正是在北宋这种积极进攻战略的有力打击下,西夏政权最终在元符二年(1099)底被迫主动向宋求和,双方随后在宋军进筑地区重新划定疆界。可以说,北宋王朝最终是以全胜战绩完成了绍圣元符年间的开边活动②。这种军事上辉煌战果的取得,是北宋与西夏长期交战以来前所未有的重大战绩,也直接导致宋、夏之间的战略态势至此发生了根本性的逆转。直到这一时期,宋廷才得以结束了对西夏战争中长期以来被动挨打、妥协退让的屈辱局面。也正是由于这种傲人战绩的取得,以至宋哲宗、曾布等诸多君臣当时不无自得地宣称"西人未尝如此逊顺","元祐中固不论,元丰中表章极不逊,未尝如今日屈服也"③。如此看来,绍圣元符年间对西夏开边之役的胜利,恰恰堪称绍述新政中相当闪耀

---

① 《长编》卷443,元祐五年六月辛丑,第10656页。
② 李华瑞:《宋夏关系史》第三章,石家庄:河北人民出版社,1998年,第91-96页。
③ 《长编》卷515,元符三年九月丁未,第12240页。

的一大亮点。到建中靖国年间,随着其皇权的逐渐巩固,宋徽宗也以绍述熙丰之政为旗号,对西夏力主开边进筑①。这无疑是对熙丰时期"强兵"战略的延续。诚然,宋廷在绍圣元符期间、建中靖国期间对西夏战争的大规模开展,耗费了大量的人力、物力、财力——这自然是一个不争的事实,但是,我们也不能因此而贬低甚至全盘否定绍述元符期间、建中靖国期间的对夏开边活动。在这一问题上,陈瓘则完全站在元祐旧党的政治立场上,极力为旧党袒护和辩解,从而对绍圣元符期间、建中靖国期间北宋对西夏开边活动的客观成效极力否定和无端痛责,这也同此期大批被叙复官职的元祐旧党美化"元祐更化"、批评熙丰新法及绍圣元符之政、建中靖国之政,以图全面恢复元祐之政的政治动向相呼应。而且陈瓘这种出于抨击绍圣元符之政、建中靖国之政的目的,抓住其中的某一点、某一方面而大肆渲染、肆意歪曲的政治手段在此也得到了充分的体现。这一特点在陈瓘的其他政论中也多有体现,此不赘言。

第二节 陈瓘、曾布关系之演变

曾布在宋徽宗即位初期已公然站在了章惇等新党成员的对立面,对新党成员及其施政措施多有指责,并且采取了进一步排斥和迫害新党成员、对元祐旧党或倾向于元祐旧党的官员重新加以引进和提拔等一系列施政措施。曾布的这番举止,也是他在北宋政局变迁中长期遵奉"惟其不雷同熙宁、元丰之人,故免元祐之祸;惟其不附会元祐,故免绍圣之中伤,坐观两党之人反复受祸,而独泰然自若"②这一"中立""调和"为官之道的必然结果。正是在这种思想的指导下,曾布在就任宰相之初,即迅速着手先后

---

① 《宋夏关系史》第三章,第98页。
② 《〈长编纪事本末〉点校》卷130《久任曾布》,第1449页。

引荐韩忠彦、陈瓘、邹浩等人入朝。从曾布自身的出发点来讲,此举无疑是其妄图控制台谏阵营,进而打击和削弱新党势力这一政治设想的一部分,当然更主要的则是与当时宋徽宗、曾布联合推行的调和新旧党争、稳定政局这一总方针相适应。那么,事态的实际进展情况又是如何呢?元符三年(1100)三月,朝廷尽复言事官,韩忠彦、陈瓘、邹浩等人也因此而相继进入谏垣。得力于向太皇太后的支持,这一批不满绍述之政的臣僚,积极配合向太皇太后促成了元符三年政局的再度反复。在此期间,如果单纯从曾布、陈瓘二人的关系来看,双方之间除了这种荐举与被荐举的关系之外,应该说二人在打击绍述新党这一政治立场上也是有着一定程度的契合之处的。但也要看到,陈瓘、曾布二人的政治目的却又不尽相同,彼此之间既有较大的矛盾和冲突,也有着相互借助、相互利用的一面。二人之间的关系,随着北宋政局的起伏而随时发生着相应的变化和调整。其中,在陈瓘、曾布二人于宋徽宗即位初年的关系中,陈瓘对曾布的诸多弹击是主要方面。而这种弹击,即集中体现在陈瓘此期的《上曾布书》《日录辨》《国用须知》等奏疏中。

首先,陈瓘弹劾曾布的主要罪状之一,即是"尊私史而压宗庙"。针对建中靖国元年(1101)七月宋廷下诏重修《神宗实录》一事,陈瓘在该年八月所上《日录辨》中即明确指出:

> 臣瓘去年五月十八日对紫宸殿,奏札子云:"臣闻王安石《日录》七十余卷,具载熙宁中奏对议论之语。此乃人臣私录之书,非朝廷之典也。自绍圣再修《神考实录》,史官请以此书降付史院。凡《日录》《时政记》《神宗御集》之所不载者,往往专据此书,追议刑赏予夺;宗庙之美,以归臣下。故臣愿诏史官别行删修,以成一代不刊之典。"其日蒙批付三省,后不闻施行。盖绍圣史官请以《日录》降付史院者,今为宰相故也。臣位下人微,轻议大典,诚以宗庙至重,义不敢默。盖惟神宗皇帝

体道用极,宪天有为,自得师臣,授以政柄。虽尹暨汤,咸有一德,无以复异,而嘉谋嘉猷,实出我后。以言乎经术,则微言奥义,皆自得之;以言乎政事,则改法就功,取成于心,是则神考之独志而(王)安石之所以归美者也。用事之臣,闇于此理,托奉宗庙,独尊(王)安石;假绍述于诏令,寓好恶于刑赏。至于纂记私言,如嗣考事,遂使密赞之语,宣扬于外,而一朝大典,祖述故事,但专美于人臣,不归德于我后,凌压宗庙,以植其私,事之乖谬,莫大于此,岂惟负神考在天之灵,抑亦失(王)安石事君之意!臣所以惓惓而不能已也。因以所见撰成《日录辨》一篇,具状奏闻。①

在此,陈瓘先是将《王安石日录》定性为"私史"、非官方正式典籍,并进而指出绍圣年间宋廷在开展对《神宗实录》的重新编修中"凡《日录》《时政记》《神宗御集》之所不载者,往往专据此书,追议刑赏予夺;宗庙之美,以归臣下",为此极力请求宋廷"诏史官别行删修,以成一代不刊之典"。不难看出,站在陈瓘的立场上,他史官"专据"《王安石日录》来修撰、篡改《神宗实录》的做法令人无法容忍,因此也就极力奏请对《神宗实录》再次加以厘定,以此来实现由"宗庙之美,以归臣下"到归美于"神考""成一代不刊之典"的目的。毋庸讳言,绍述时期新党在极力打击旧党思想的指导下而实施极端政策,蔡卞等人极力推崇《王安石日录》的做法也确实存在。但陈瓘以人画线、以党画线,进而将《王安石日录》的史学价值一笔抹煞的处理方法,颇有为实现否定绍圣新政的目的,不惜有以偏概全、夸大其词之势。从事态发展的最终结果来看,对于陈瓘的这一建议,宋廷并未采纳。对于这一结局,陈瓘则又将其归咎于"盖绍圣史官,请以《日录》降付史院者,今为宰相故也"②。在这里,陈瓘所谓的"今为宰相"者,显然是将矛头

---

① 《长编拾补》卷18,建中靖国元年八月壬子,第646-647页。
② 《宋陈忠肃公言行录》卷1《年谱》。

直指曾布。他将"以《日录》降付史院"的主要责任归于曾布,也就颇有偏狭之嫌了。而对于《王安石日录》这一敏感、重大问题,《曾公遗录》中也有相应记载,指出"陈瓘论王荆公《日录》多言神宗所论与之不合,绍圣史官多编修入实录中,批令三省参对进呈"①。从这种记载来看,曾布对其本人在这一过程中所扮演的角色、发挥的作用还是有所隐晦的。

在进奏《日录辨》当天,陈瓘先是致书曾布,直言曾布在执政中的过失,声称"尊私史而压宗庙,缘边费而坏先政,此二者,阁下之过也",并将此事置于"违神考之志,坏神考之事……蒙蔽之患,孰大于此"②的高度而予以批评。曾、陈二人之间政见上的分歧至此正式公开化,双方矛盾由此而趋于明朗。事后不久,陈瓘又将所上曾布书连同《日录辨》《国用须知》一并递呈三省,并"除具申御史台乞赐弹劾外,伏乞敷奏,早得窜黜",以示其随时准备接受朝廷贬黜的态度。当时,宋徽宗在阅看三省所呈递上来的陈瓘奏疏后,也颇为曾布鸣不平,称陈瓘竟"如此报恩地邪"。事情发展到这一地步,曾布也就不得不对陈瓘极力攻己之事逐一进行辩争了。针对陈瓘对曾布在修撰《神宗实录》过程中"尊私史而压宗庙"的指责,曾布向宋徽宗给出了如下解释:

> 臣绍圣初在史院不及两月,以元祐所修《实录》,凡司马光《日记》《杂录》,或得之传闻,或得之宾客,所记之事,鲜不遍载;而王安石有《日录》,皆当日君臣对面反复之语,乞取付史院照对编修,此乃至公之论。其后绍圣重修《实录》,数年乃成书,臣盖未尝见。当日修书乃章惇、蔡京,今日提举史院乃韩忠彦,而(陈)瓘以为臣尊私史、压宗庙,不审何谓也。③

---

① 曾布撰;顾宏义点校:《曾公遗录》卷9,北京:中华书局,2016年,第273页。
② 《〈长编纪事本末〉点校》卷129《陈瓘贬逐》,第1432页。
③ 《长编拾补》卷18,建中靖国元年八月甲寅,第650页。此段引文的标点,笔者略有调整。

毫无疑问,在新、旧两党的斗争中,双方均将《神宗实录》的编撰作为打击对方的一个有力武器,这也成为新、旧两党党争中双方激烈争论的一大焦点。曾布在此所称元祐时期所修《神宗实录》多引用司马光的《日记》《杂录》,甚至是"或得之传闻,或得之宾客",也确实是一个不争的事实。实际上,在元祐旧党主持下而开展的《神宗实录》编纂,完全是遵循"尽书王安石过失,以明非神宗之意"①这样一种编修原则,因而对《神宗实录》的肆意篡改也就可想而知了。针对这一点,曾布即曾指出:"臣窃观《实录》所载事迹,于去取之际,诚有所偏。如《时政记》,皆时执政所共编修,往往不以为信。至司马光《记事》及《杂录》,多得于宾客或道路传闻,悉以为实,鲜不收载。"②总体而言,元祐旧党修撰《神宗实录》所秉承的"尽书王安石过失,以明非神宗之意"的原则、基调,无疑已经先入为主地明确设定了反对王安石及其变法的政治目标。

宋哲宗亲政后,迅速着手大量起用新党成员,分别以蔡卞、林希为修撰官,并启动对《神宗实录》的重新编修。在此期间,曾布、章惇、蔡京等人均参与了具体的修撰工作。此次重修,以《王安石日录》为依据而对《神宗实录》进行了较大幅度的修订和补充,并对元祐时期所修的《神宗实录》予以严格审查。客观来讲,曾布在此过程中只能说是发挥了辅助作用,尚未占据主导地位。因此,曾布的辩解,除了针对陈瓘对自己"尊私史而压宗庙"的指责予以驳斥外,同时也比较客观地反映出当时的实际情况。所以,此时陈瓘将对绍圣《神宗实录》的不满转为对曾布的极力抨击,这不仅与客观事实并不相符,同时也颇有牵强附会、情绪化之嫌。从陈瓘本人的意图来讲,他之所以抓住此事而大做文章,其最终目的即在于借此来打击曾布、服务于旧党的重起。

其次,"缘边费而坏先政",这是陈瓘攻击曾布的另一罪状。围绕这一方

---

① 《建炎以来系年要录》卷79,绍兴四年八月戊寅,第1487页。
② 周煇:《清波别志》卷下,《丛书集成初编》,北京:中华书局,1985年,第158页。

面，陈瓘对曾布也是大加指责：

> 主上修继述之效，阁[阁]下乃违志坏事，以为继述，自今日已往，其效渐见，所以误吾君者，不亦大乎。效之速者，尤在于边费。熙宁条例司之所讲，元丰右曹之所守，举朝公卿，无如阁[阁]下最知其本末，今阁[阁]下独擅政柄，首坏先烈，弥缝壅蔽，人未敢议……帅臣知一方之事而已，虽竭府库之财而倾之，不可责也。至于宰相之任，则异乎此矣。岂可以知天下匮竭，而恬不恤匮竭，因坏先政，因务蔽蒙，阁[阁]下欲辞其过，可乎？①

对此，曾布予以辩争："神宗理财，虽累岁用兵，而所至府库充积。元祐中非理耗散，又有出无入，故仓库为之一空，乃以臣坏三十年根本之计，恐未公也。"②曾布此说，也是不无根据的。熙丰时期，宋神宗、王安石君臣在"富国强兵""开源节流"思想的指导下，通过一系列理财措施的积极推行而积蓄起大量的财富。但到元祐时期，元祐旧党在直接承袭这一局面的基础上，却是尚"义"而耻言"利"，"以理财为讳，利入名额类多废罢，督责之法不加于在职之臣，财利既多散失，且借贷百出，而熙、丰余积，用之几尽"，以致出现"内外财用，月计岁会，所入不足给所出"③的局面。因此，元祐之政对熙丰之政的破坏，反映到财政方面，"入"少"出"多、财政收入和支出之间严重不平衡的现象相当严重。这一方面具体在苏辙等人的言论中亦有着鲜明体现。如元祐三年（1088）五月，时任户部侍郎苏辙奏称，当时户部每月支出现钱多达五十余万贯，耗尽全部收入仅能维持日常开支，稍有他事只能启用朝廷的以往库存，"罄竭所得，仅给经费而已。稍加他用，辄干求朝廷，方能办事，有司惴

---

① 《桯史》卷14《陈了翁始末》，第159-160页。
② 《〈长编纪事本末〉点校》卷129《陈瓘贬逐》，第1433页。
③ 《宋史》卷179《食货志下一·会计》，第4358页。

惴,常有阙事之惧"①;而到该年十二月,宋廷则更是"大抵一岁天下所收钱谷、金银、币帛等物,未足以支一岁之出",左藏库现钱也因此几乎被消耗殆尽,"费用已尽"②。苏辙的这些言论,比较真实地展现出宋廷在元祐时期的财政窘迫。由此不难看出,元祐旧党主政期间在理财方面毫无建树,反而却将熙丰时期逐步建立起来的诸多理财举措几乎全盘加以废止,从而导致宋廷的财政状况较之元丰时期已显著倒退、严重恶化,而与熙宁时期更是无法相提并论。不仅如此,元祐旧党在对外军事斗争中一味坚持推行的妥协退让政策,也直接导致宋廷向西夏拱手让出安疆、葭芦、浮图、米脂四寨等疆土,从而给宋朝军事也造成了极大的被动,"西戎之咽喉如安疆、葭芦、浮图、米脂,据高临下,宅险遏冲。元祐初,用事之人委四塞而弃之,外示以弱"③,"其他(元祐)诸公所见,恨不得纳诸其怀,其意待西夏倔强时,只欲卑巽请和耳"④。所有这些,无不反映出元祐旧党在理财施政中的平庸无能和军事上的妥协退让。

因此,从绍圣时期新党所承续的元祐基础来看,完全是国库空虚、西北边境大片疆土被拱手送于西夏这样一副烂摊子。而这种局面更加助长了西夏政权的嚣张气焰,西北边境仍是不断受到西夏的频繁侵扰。这种局面的形成,其罪魁祸首自然为元祐旧党。对于元祐旧党这种"向者大臣惮于用兵,故锡地以示弱"⑤的婢膝求和政策,宋哲宗、章惇等新党集团在当时是颇为愤慨的。绍圣元年(1094)四月,章惇在出任宰相后积极启动西北开边活动的筹备工作。元符二年至元符三年(1099—1100),宋廷大举开展西北开边活动,一度曾取得"陕西五路并河东,自绍圣开斥以来,疆土至广,远者数

---

① 《长编》卷410,元祐三年五月丙午,第9984页。
② 《长编》卷419,元祐三年闰十二月庚戌,第10148—10149页。
③ 《长编拾补》卷10,绍圣元年五月甲寅,第416页。
④ 《朱子语类》卷130《本朝四·自熙宁至靖康用人》,《新订朱子全书(附外编)》第19册,第4325页。
⑤ 《宋会要》方域19之12,第9656页。

百里,近者不减百里"①等辉煌战绩,由此导致"西夏由是衰弱,惶怖请命"②局面的形成。这种军事上的重大胜利,也成为绍述时期的一大亮点,从而一雪元祐时期对西夏妥协退让之耻。而站在陈瓘的角度,他却无视这样一种现实,反而极力抨击曾布为代表的执政集团在绍圣之后所实施的开边等活动有着"缘边费而坏先政""坏三十年根本之计"等一系列"罪状"。绍述、元符开边,固然耗费了大量国家资财,但岂能因此而全盘抹杀其在收复元祐时期所失疆土、迫使西夏向宋求和这些事实?如果按照陈瓘的逻辑来看待绍述时期的改革,那么这种改革即使是"坏先政",也是"坏"元祐旧党"以理财为讳"之政、"坏"元祐旧党对西夏等政权一味妥协退让之政。而且,绍述时期诸多改革举措的推行,也主要是在宋哲宗、章惇等人员的主导下开展的,从这一方面来讲,陈瓘此时对曾布"缘边费而坏先政""坏三十年根本之计"之类的指责也是站不住脚的。通过这些方面综合来看,这一时期的陈瓘已经完全站在了旧党政治立场上、站在了新党的对立面,为旧党鸣不平,对新党及其执政措施加以无理攻击、无端指责,其主要目的即为攻击曾布、攻击新党施政,并且为此而对客观事实刻意加以掩盖和歪曲。

那么,在陈瓘与曾布的这场公开争论中,宋徽宗又是持怎样的一种态度呢?从宋徽宗的角度来看,他明显是倾向于支持曾布一方的,这一点在其同蒋之奇、章楶等人的对话中即有着清晰体现:"(陈)瓘为李清臣所使,元祐人逐太半,尚敢如此。曾布以一人当众人挤排,诚不易。卿等且以朕意再三慰劳之。"而在与曾布的交谈中,宋徽宗更是直言"元祐小人,不可不逐"③。针对宋徽宗的这种表态,韩忠彦、陆佃、邹浩、陈次升等人均极力建议应慎重斟酌,希望朝廷能够减轻对陈瓘的处罚、令其继续留在朝中。但是,鉴于陈瓘的这种言论已不仅仅是对曾布个人的一种攻击,而是对当时的朝政也多有

---

① 《宋史》卷190《兵志四·乡兵一》,第4717页。
② 《宋会要》礼14之60,第773页。
③ 《〈长编纪事本末〉点校》卷130《久任曾布》,第1450页。

指责,这自然是主持推行"建中靖国"之政的宋徽宗、曾布等人所无法容忍的。如果说此前宋徽宗对陈瓘尚能加以容忍、包容,但至此恐怕已决心对他弃而不用、执意贬斥,韩忠彦等人的建议也就无法发挥作用。如此看来,陈瓘随后被迅速贬知泰州,这种结果也就不足为奇了。如将陈瓘被贬一事置于当时的政治环境下加以考察,这一结果既宣告了曾布最初企图引陈瓘为己所用设想的破灭,也表明陈瓘极力支持元祐旧党、反复为元祐旧党辩护的这一政治立场在同曾布等人较量中的落败和陈、曾二人之间政治上的最终决裂。至于朱熹后来所说,曾布"初亦未尝有甚恶元祐人之意,被陈莹中书之后,遂乘势作起徽宗攻治之"①,此语有一定的道理。但是,更主要的还是陈瓘在这一时期的相关主张与宋徽宗、曾布等人共同推行的执政政策、路线严重冲突,这一点才是问题的关键所在。客观而言,陈瓘对曾布、对建中靖国之政的不断抨击,对宋徽宗、曾布等人执政政策的推行有一定的刺激作用,但还不足以改变宋廷执政政策的大方向。

第三节 陈瓘与蔡京的长期抗争及入"元祐党籍"

如前所述,在陈瓘的早期仕途发展中,蔡卞、章惇、曾布等人均试图对其加以拉拢,但均因陈瓘与他们之间政治立场上的重大分歧而不果。相对而言,在陈瓘与蔡京之间关系的发展、演变过程之中,冲突和斗争始终贯穿其中。尤其是到宋徽宗朝,陈瓘、蔡京之间的矛盾与斗争更是公开化,并逐渐发展到相当突出的程度。当然,自蔡京的角度来讲,他最初也曾尝试拉拢陈瓘,在遭到拒绝后则不断对陈瓘予以打击和迫害。比如,何薳在其《春渚纪闻》中记载:

---

① 《朱子语类》卷130,《本朝四·自熙宁至靖康用人》,《新订朱子全书(附外编)》第19册,第4350页。

……一日朝会与蔡观同语云:"公大阮真福人。"(蔡)观问何以知之,了翁曰:"适见于殿庭,目视太阳,久之而不瞬。"(蔡)观以语(蔡)京,(蔡)京谓观曰:"汝为我语莹中,既能知我,何不容之甚也。"(蔡)观致(蔡)京语于陈,了翁徐应之曰:"射人当射马,擒贼当擒王。"(蔡)观默然,后竟有郴州之命。①

在元符末年向太皇太后垂帘听政的政治形势下,蔡京仍在进一步开展其政治投机、钻营活动,其政治势力也在这一过程中得以继续发展、膨胀。针对这种情形,陈瓘曾于私下向他人指出:"蔡京若秉钧轴,必乱天下。"②可见在此时他对蔡京权势的膨胀已是颇为担忧。元符三年(1100)八月,针对蔡京提议建筑景灵西宫一事,陈瓘也累次上奏极力加以反对,从封建礼制等方面力陈其"五不可",并指责蔡京:轻欺先帝,与蔡卞无异;归过先烈,卖祸于章惇、蔡卞,曲为自安之计;怙权自重,混淆君主视听;蔡京的去与留,足以危及朝廷安危。进而,陈瓘还指出:"国之大事,无过宗庙;可传万世,无过信史。今(蔡)京以矫诬之言唱西宫之事,妄谓先训以惑上下,自改《日录》以实其说,朝廷遂信其语,欲迁神考于西宫,岂非朝廷大政委屈迁就为一京之地乎?"③同时,他又认为,因蔡京身处朝堂之内,以致士人莫不以言为诫,"(蔡)京之计策一行,人之背向渐一,为京之羽翼者渐多,为陛下之耳目渐阻,朝廷之威自此而渐弛,蒙蔽之患自此而渐成,安危治乱渐可卜矣"④。为此,陈瓘请求宋徽宗早日辨明蔡京对于朝堂的潜在威胁,及时对其势力加以防范和究治。同年九月,陈瓘在上疏中针对蔡京以翰林学士承旨一职兼修《哲宗皇帝实录》一事进行了严厉抨击:

---

① 何薳撰;张明华点校:《春渚纪闻》卷1《了斋排蔡氏》,北京:中华书局,1983年,第9页。
② 《春渚纪闻》卷1《了翁排蔡氏》,第9页。
③ 《宋陈忠肃公言行录》卷1《年谱》。
④ 《宋陈忠肃公言行录》卷1《年谱》。

> 近差翰林学士承旨蔡京兼修《哲宗皇帝实录》,此朝廷过举之大,而人心不服者也。国家自太宗以后,每朝实录,提举、修撰皆有正官,用度虽多,不敢惜费,命官虽众,不敢惮烦,所以重大典而敬先朝。今修《哲宗实录》,独用兼官而已,岂非以蔡京欲擅史局,而朝廷不欲重违其意乎?蔡京得兼局,而哲宗史事不得其官,轻一朝大典,违祖宗故事,皆为一京,则是朝廷之所以厚京者过于哲宗明矣。①

这一事件的出现,也表明陈瓘至此对蔡京自多方面展开弹劾,二人之间的政治冲突由此加剧。

而正是由于陈瓘的这一上疏,宋廷在第二天即下令贬他知无为军。但在离京赴任前夕,陈瓘仍不忘对蔡京继续加以抨击。如针对蔡京私下结交外戚、内侍等活动,陈瓘在上疏中即对此深表忧虑,直言"(蔡)京为从官,而与外戚相厚,书于碑刻,以自矜夸,如此之类,非止一事而已"②;"日月交结内侍、戚里,以觊大用……向宗回、宗良亦阴为(蔡)京助"③;"(蔡)京,小人也,尤好交诸宦者。(蔡)京得志,则宦者用;(蔡)京与宦者得志,天下何以不乱?"④同时,陈瓘又认为,蔡京与其弟蔡卞久在朝廷任官且同恶相济、互为表里,即使在蔡卞已经离开朝堂的形势下,蔡京的权势仍然相当牢固,"又(蔡)京与弟(蔡)卞久在朝廷,同恶相济。(蔡)卞则出矣,(蔡)京则牢不可拔,自谓执政可以决取……传会继述之论,假托报功之说,密持离间之谋,伺察陛下,包藏祸心,若有所待"。加之"得裴彦臣交结之助,外议汹汹,众所知也",陈瓘因此认为在这种形势下朝廷"当以流窜蔡京为急,不当以移臣差遣为先也"⑤。在此,陈瓘对蔡京结交内侍、权势之盛的抨击不无道理,但他却将蔡

---

① 《宋朝诸臣奏议》卷 60《上徽宗论哲宗实录不当止差蔡京兼修》,第 658 页。
② 《宋朝诸臣奏议》卷 35《上徽宗论蔡京交结外戚》,第 350 页。
③ 《宋史》卷 346《陈师锡传》,第 10973 页。
④ 王楙撰;王文锦点校:《野客丛书》附录《野老记闻》,北京:中华书局,1987 年,第 356 页。
⑤ 《宋朝诸臣奏议》卷 35《上徽宗论蔡京交结外戚》,第 350—351 页。

京、蔡下混同看待,这就有失公允了。从事态的后续发展来看,宋徽宗迫于陈瓘等台谏官的轮番弹奏,最终也只好暂时将蔡京贬知永兴军、逐出朝堂,但与此同时仍坚持将陈瓘贬知无为军的这一决定。应当说,在同蔡京的此番斗争活动中,陈瓘尽管基本实现了其政治目的,但他本人也因此遭受贬黜,同时也为蔡京之后对其报复埋下了隐患。

为了从根本上杜绝元符年间政局反复局面的再次发生、巩固其专权局面,宋徽宗、蔡京集团在崇宁元年至崇宁三年(1102—1104)还大规模开展了三次元祐党籍的编订、"元祐党籍碑"的制定,以此进一步加大对旧党势力的打击、对政治异己势力的迫害。崇宁元年(1102)五月,蔡京在升任尚书左丞之后不久,即与宋徽宗一同迅速着手编类元祐党籍,从而正式确立了打击元祐党人及其子孙、元符末应诏上书"直言朝政缺失"而入邪等者及其他所有异己势力的党同伐异方针,其目的就是令旧党"庶其党类,知所创惩",由此来巩固宋徽宗、蔡京集团的专权局面。在此次元祐党籍的编订过程中,宋徽宗、蔡京集团对苏轼、范纯礼、刘安世、陈瓘、龚夬等57人予以痛惩之余,还严令将他们与其他入籍者一同"并令三省籍记,不得与在京差遣"①,从而将这支政治力量排斥到朝堂之外。正是在这次严厉究治元祐党人的政治打击活动中,元符末年活跃于北宋政坛的陈瓘、陈次升等人均被囊括其中,被宋廷分别予以除名勒停、编管于边远之地的严重处罚。到该年九月,宋廷首次制作"元祐党籍碑"时,陈瓘再次与其他官员共计120人被宋廷纳入"元祐奸党"的范畴,陈瓘也随即再次遭贬,"坐党籍除名勒停,送袁州编管"②。由此可以看出,蔡京借助元祐党籍的编订、"元祐党籍碑"的册立,乘机对陈瓘等异己势力给予重惩,以巩固其自身权势和政治地位。而纵观整个北宋时期,"提举宫观、除名编官、勒停居住等贬窜方式,偶也用于台谏,但并不多见"③。

---

① 《长编拾补》卷19,崇宁元年五月乙亥,第682页。
② 《宋陈忠肃公言行录》卷1《年谱》。
③ 虞云国:《宋代台谏制度研究》,上海:上海社会科学院出版社,2001年,第89页。

因此,陈瓘此次遭受重贬,应与他在此前同蔡京之间长期以来诸多宿怨、政治异议的积累直接相关。反之,蔡京则将编类元祐党籍作为打击和惩戒陈瓘等人的一种貌似合法的手段而加以有效、充分利用,借此大肆实施对其政敌的迫害。比如朱绂,此前即曾致书蔡京,对蔡氏家族侵占木兰陂灌区农田、政治专权等罪行公开加以指责:

> 寒族居莆者,为筑陂倾产,虽为莆,亦为公也。自陂成以来,公家父子兄弟布满朝廷,未必非钟灵兰水力。宜建树不朽,为梓里增光。而公由开封历承旨,转仆射,皆为美官,诸所建明,殊损威望。令弟枢密公为荆公名坦,濡染学术,乃中伤善类,酷于章惇。长公子少保君常蛊惑宸衷,诸少公子侍郎君、驸马君、侍读君协谋相济,天下之人,尽皆切齿。殆非所以报效国恩,培植家庆,而赫濯地灵也。近者太后还政,新天子锐意太平,而金党倡绍述熙丰之议。彼为是议者,岂真毫发为朝廷计哉?①

此举也直接触怒蔡京,结果导致蔡京指使御史中丞石豫罗织朱绂、王回、邹浩等人结党的罪名,朱绂为此而被贬为提举杭州洞霄宫,并在稍后被纳入元祐党籍之中。因此,从陈瓘到邹浩、朱绂等人,在这一时期都成为蔡京借助元祐党籍予以政治打击的重点对象。

到崇宁二年(1103)正月,经中书省检会陈瓘、任伯雨等人元符末上言者之后,宋廷再次下诏"任伯雨除名勒停,编管昌化军;陈瓘除名勒停,编管廉州;龚夬除名勒停,编管象州……已上并永不得收叙"②,进一步加重了对陈瓘等人的惩治。崇宁三年(1104),宋廷第三次刻制"元祐党籍碑",更是进一步将"元祐奸党"人员的范围扩大至309人,名单中陈瓘仍赫然在列。对于

---

① 《宋史翼》卷3《朱绂传》,第63-64页。
② 《〈长编纪事本末〉点校》卷121《禁元祐党人上》,第1347页。

陈瓘本人来讲,他在被贬期间的处境也不断恶化,这在《宋史·陈瓘传》中也多有体现:

> ……(陈)瓘又徙台州。宰相遍令所过州出兵甲护送;至台,每十日一徙告;且命凶人石悈知州事,执至庭,大陈狱具,将胁以死……悈惭,揖使退。所以窘辱之百端,终不能害。宰相犹以悈为怯而罢之。
>
> 在台五年,乃得自便。才复承事郎,帝批进目,以为所拟未当,令再叙一官,仍与差遣,执政持不行。卜居江州,复有谮之者,至不许辄出城。旋令居南康,才至,又移楚。①

对于陈瓘在被列入"元祐党籍"后的接连贬谪、地方官员秉承朝中权臣旨意百般刁难等情形,其他史籍中也有着颇为详尽的记载。如政和元年(1111)九月,宋廷在诏令中称,"陈瓘自撰尊尧集(按:即《合浦尊尧集》),语言无绪,并系诋诬,合行毁弃;送与张商英,意要行用,特勒停,送台州羁管",同时还明确"令本州当职官常切觉察,不得放出州城,月具存在申尚书省"②,以此来保障地方官对陈瓘的严密监视和向朝廷的及时上报。当时的这种形势,令许多朝臣为陈瓘的命运担忧,"于是庙堂意叵测,识者为了翁危之"。而从陈瓘自身来讲,他在抵达台州后上奏朝廷的谢表中则称,"知诋诬之不可,志在尊尧;岂行用之敢私,心惟助舜。语言无绪,议论至迂,独归美于先猷,遂大违于国是。不行毁弃,有误咨询,虚消十载之光阴,靡恤一门之沟壑。果烦揆路,特建刑章,若非蒙庇于九重,安得延龄于再造"③,却是对被贬台州一事泰然处之。

在陈瓘抵达台州的最初阶段,地方官员秉承宋廷旨意而对他百般刁

---

① 《宋史》卷 345《陈瓘传》,第 10963-10964 页。
② 《长编拾补》卷 30,政和元年九月辛巳,1013 页。
③ 《桯史》卷 11《尊尧集表》,第 129 页。

难,"至台久之,莫敢以居屋借贷者。公乃暂馆僧舍,而郡守以十日之法,每遣厢巡起遣,故十日必为之迁一寺"。对此,陈瓘本人泰然处之、不以为意,"公处澹然,不以介意"①。稍后,蔡京党羽石悈担任台州知州后,更是马上着手进一步加大了对陈瓘的监视、刁难力度,"(石)悈至,果扬言怖公。视事次日,遣兵官突来约束,不得令出入,取责邻人防守状。又置逻卒数铺,前后巡察抄录宾客书问之往还者,虽亲戚家书迨至隔绝。未几,复令兵官突来所居搜检行李,摄公至郡庭,垂帘如制狱,大陈狱具"。石悈的这些恐吓举动,主要是秉承蔡京、蔡蘙等人的授意而极力搜求《合浦尊尧集》的副本,"以为系诋诬之书,合缴申毁弃也",但最终并未达到这一目的。随即,石悈"又幽公僧舍,使小吏监守,对榻坐卧,窘辱百端"②。陈瓘在台州被羁管五年后,又被责令移至江州,其处境仍在进一步恶化,"忽有朝旨,不许出城,月申存在……外间叵测,无不震惧,交游中有来索与公往复书简者,有碎公所书碑刻、碑额者。公亦自期以死,惕息俟命而已"③。通过这些记载足以看出,陈瓘在多年被贬期间所遭受的种种迫害可谓不一而足、日益恶化。不仅如此,除了陈瓘本人所遭受的来自朝廷的严惩外,其子弟、亲属、师友等人也在任职、科举乃至婚姻、居住地等方面受到来自朝廷的诸多限制。关于这一方面,《九朝编年备要》等史籍中多有相应记载:

(崇宁二年)三月,亲试举人……时李阶为礼部进士第一,(李)深之子而陈瓘之甥也。时奏名,安忱对策云:"使党人之子得魁,南宫多士,无以示天下。"遂夺(李)阶出身,而赐(安)忱第。(安)忱,(安)惇兄也。

---

① 《宋陈忠肃公言行录》卷1《年谱》。
② 《宋陈忠肃公言行录》卷1《年谱》。
③ 《宋陈忠肃公言行录》卷1《年谱》。

又黄足等十八人,皆上书入邪等……亦并黜之。①

曾巩、张商英言其(潘)涛贤,录(潘)涛兄(潘)淳为星子尉。蔡京用事,以(潘)淳与陈瓘亲厚,又夺之……②

(陈葵)授乐清尉,再调建州,以陈瓘门人复为(蔡)京党劾罢。③

陈瓘弹蔡京,(龚)原坐与瓘友善,落职,和州居住。④

崇宁初,进给事中、吏部侍郎,以宝文阁待制知广州。言者论(王)涣之当元祐之末,与陈瓘、龚夬、张庭坚游,既弃于绍圣,而今复之,有害初政。解职知舒州,入党籍。⑤

绍兴元年(1131)时,周谔之子周渊在其上疏中也曾谈及:

父(周)谔元丰中上言乞修京城,神祖籍(寄)〔记〕姓名,欲加擢用,而蔡京以父(周)谔为范纯仁之甥,王觌之婿,陈瓘妻兄,遂同入元祐党籍,未沾圣泽。⑥

不仅如此,甚至在元祐党人亲属、子弟的居住地方面,宋廷在这一时期也有着相当严格的限定。比如,崇宁二年(1103)三月,宋廷在其诏令中即明确规定:

应元祐及元符之末党人亲子弟,不论有官无官,并令在外居住,不得擅到阙下。令开封府界各据地分觉察。如当职官知而不纠,或不用

---

① 《九朝编年备要》卷26,崇宁二年三月,史328-717。
② 《建炎以来系年要录》卷75,绍兴四年四月丁未,第1437页。
③ 《闽中理学渊源考》卷7《忠肃陈莹中先生瓘学派·教授陈伯向先生葵》,第114页。
④ 《东都事略笺证》卷114《龚原传》,第1240页。
⑤ 《宋史》卷347《王汉之传·王涣之附传》,第11001页。
⑥ 《宋会要》职官77之65,第5175页。

心探缉,遂致容隐,别因事败露者,并重行黜责。其应缘趋附党人罢任在外、指射差遣及得罪停替臣僚,并依党人子弟施行。①

从该诏令的内容来看,它不仅严禁元祐党人的亲属、子弟在京师居住或者擅自抵达京师,而且对元祐党人的政治同情者也执行这种规定。为保障这一制度的真正推行、落实,宋廷要求开封府界内的相关官员在日常中切实履行监察职责,否则即对涉及知而不纠、稽查不尽职等现象的当职官员"重行黜责"。透过这些规定可以看出,宋廷在这一时期对元祐党人的惩治力度也在不断地层层加码。

诸如上述这些情形的出现,无不彰显出这一时期蔡京集团对陈瓘本人及与其相关人员迫害程度的逐渐加重、打击范围的日益扩大。宋廷对陈瓘及其诸多亲友、子弟残酷惩处举措的不断实施,在很大程度上无疑也是陈瓘、蔡京之间政治矛盾的发展所导致的直接后果。伴随着北宋政局的进一步发展,宋廷直至崇宁五年(1106)正月才因"星赦"下诏销毁全国各地的"元祐党籍碑",陈瓘为此而得以"量移郴州,得自便"。从表面上来看,陈瓘的政治处境到这时似乎已经稍有改观,但真实情形又是否果真如此呢?实际上,他仍是一直处在宋廷的严密监视、监控中,来自蔡京集团的迫害还是接连不断,这在后面的事态发展中即有着极其鲜明的体现。

在陈瓘接连被贬、辗转各地的过程中,蔡京的党羽也起到了推波助澜的作用。比如原本与陈瓘并不相识、最初身为太学生的蔡嶷,在陈瓘向朝廷递呈《上曾布书》等奏章而被贬后,"以长书遗公(陈瓘),论事合公议,谓:'公谏疏婉而有理,似陆宣公;刚而不挠,似狄梁公;文章渊源,发明正道,则韩文公其人也"②,对陈瓘敢于抗章上奏的行为大为赞扬。但蔡嶷在崇宁五年

---

① 《长编拾补》卷21,崇宁二年三月己酉,第737页。
② 朱熹:《宋名臣言行录》后集卷13《陈瓘忠肃公》,《新订朱子全书(附外编)》第13册,上海:上海古籍出版社,2022年,第447页。

(1106)三月被赐进士及第出身的过程中,他揣测蔡京将被宋廷再次起用,为此而开展了其政治投机、钻营活动,在试策中称:"熙、丰之德业,足以配天,不幸继之以元祐;绍圣之缵述足以永赖,不幸继之以靖国。陛下两下求言之诏,冀以闻至言、收实用也。而见于元符之末者,方且幸时变而肆奸言,乘间隙而投异意,诋诬先烈不以为疑,动摇国是不以为惮。愿逆处其未至而绝其原。"结果,宋廷擢蔡嶷为第一名,同时"以所对颁天下"①。此后,在蔡京不断迫害陈瓘的过程中,蔡嶷也积极充当其帮凶,"所陈时务与前书顿异,于是愧悔而欲杀公(陈瓘)以灭口,密赞京党出力尤甚。(陈)正汇三山之窜,石悈台州纷纷,皆其所为也"②。大观三年(1109)初,陈瓘之子陈正汇弹劾承议郎蔡密"盛称太师蔡京福厚,阴有摇动东宫之迹"③。蔡京之党借此而大兴刑狱,从而导致在大观三年(1109)二月结案时陈瓘即被给予安置通州的处置,而陈正汇则自此"流海岛十余年,靖康初赦还,授太仆寺丞。时(陈)瓘已前卒,正汇痛不及见父,遂得心疾"④。这一悲剧,即是陈瓘、蔡京之间矛盾进一步加深所导致的后果之一,同时也表明陈瓘在大观三年之后所遭受的政治迫害仍在恶化。

在大观三年之后的十几年中,蔡京、陈瓘间的这种迫害与反迫害的政治斗争仍在延续。大观四年(1110),张商英在入相后曾积极推动陈瓘将《四明尊尧集》进呈朝廷。但到政和元年(1111)四月,陈瓘所进呈的《四明尊尧集》却被宋廷冠以"语言无绪,并系诋诬,合行毁弃,送与张商英,意要行用"⑤的罪名,陈瓘因此而在该年九月被给予勒停、台州羁管的惩处,直到宣和二年(1120)十二月又被责令移居楚州。如此看来,在宋徽宗一朝,蔡京及其党羽同陈瓘之间的这种迫害与反迫害、压制与抗争的斗争几乎从未中断,并且呈

---

① 《宋史》卷354《蔡嶷传》,第11170-11171页。
② 《宋陈忠肃公言行录》卷1《年谱》。
③ 《宋陈忠肃公言行录》卷1《年谱》。
④ 《宋史翼》卷10《陈正汇传》,第226页。
⑤ 《宋文鉴》卷71《台州羁管谢表》,第1038页。

现出一种逐步激化、逐步加剧的发展态势。从陈瓘个人的角度来讲,他与蔡京之间的这种针锋相对的长期政治斗争,也直接导致他接连不断地受到种种贬黜和迫害,直至最终在贬地楚州去世。

总之,在宋徽宗朝期间,陈瓘会同龚夬、邹浩等人不断对朝政以及章惇、蔡卞、曾布、蔡京等权臣进行批评和指责,这也导致其自身的政治处境日益恶化。尤其是在与蔡京集团的长期政治斗争,陈瓘由此所遭受的迫害较之他人更为严重。从陈瓘在宋徽宗朝的坎坷政治遭遇、政治命运来看,产生这种结果的直接原因即是陈瓘、蔡京二人在政治立场、动机等方面的重大分歧。从宋徽宗、蔡京集团的角度来讲,他们打着绍述熙丰之政的旗号而行专权、铲除异己、党同伐异之实,"以宋徽宗为代表的皇室同以蔡京为首的大地主集团结成了腐朽的统治联盟……但和以前不同的是,这个联盟却取巧地披上了变法改革的外衣"①。正因如此,"(蔡)京之为其所欲为也,虽奉王安石以为宗主,持绍述之说以大残善类。而熙、丰之法,非果于为也,实则以弄臣自处而已"②,王夫之在《宋论》中的评价也是比较符合实情的。陈瓘、邹浩、龚夬等台谏官对蔡京的接连弹劾,自然也就成为蔡京专权过程中的严重羁绊,而陈瓘等人则为此不断遭到蔡京及其党羽的轮番迫害。即使是在崇宁之后蔡京权势极度显赫的形势下,陈瓘等台谏官对其的弹奏仍未中断,但因宋徽宗对蔡京的纵容和姑息,以致蔡京专权的局面在总体上仍无法得以扭转。而在与蔡京及其党羽的长期斗争中,陈瓘本人所受到的种种政治迫害自然也相当惨烈,史称"(陈)瓘平生论(蔡)京、(蔡)卞,皆披摘其处心,发露其情慝,最所忌恨,故得祸最酷,不使一日少安"③,"比一时言事之官,得祸为最酷"④。这些情况在总体上也是比较符合当时的客观实际的。

---

① 《王安石变法》第五章,第 218 页。
② 《宋论》卷 8《徽宗四》,第 152 页。
③ 《宋史》卷 345《陈瓘传》,第 10964 页。
④ 《宋陈忠肃公言行录》卷 1《钦宗赠瓘谏议大夫制》。

第四章 陈瓘政治、学术思想的演变

在陈瓘的坎坷仕途中,他的政治思想也伴随着北宋政局的起伏、变迁而经历了一个前后不同时期的重要转变和演进过程。关于这一点,前文中已有相应论及。而在这一转变过程中,陈瓘在不同阶段先后与章惇、曾布、蔡卞、蔡京等权臣之间的政治、思想斗争,又都和王安石及其变法有着千丝万缕的紧密联系。因此,对陈瓘政治思想发展历程、演变过程的探讨,也就成为观察和理解他对王安石及其政事的评判和定位发生前后截然不同转变的关键,同时也有助于对陈瓘更加深入、全面的研究和探讨。而对于自一侧面来理解北宋后期政治的发展变迁而言,对陈瓘政治思想演变较为深入的探讨,也不失为一个具有较好典型意义的研究个案。在前文论述的基础上,本章即着重围绕陈瓘对王安石及其政事评判的前后转变及其产生原因加以探讨,由此来探究陈瓘思想转变的更深层原因。

第一节 陈瓘政治思想的演变

北宋政权继唐末五代之后而立国。为巩固政权、延续国祚,赵宋王朝立国后,逐步确立了内重外轻、内外相制、崇文抑武、不抑兼并、"异论相搅"等一系列治国方略,并被以后的宋真宗、宋仁宗等奉为"祖宗家法"而加以继承。但这种"祖宗家法"的承袭和沿用,使北宋政治、经济、军事等诸多方面的发展逐渐步入困境,至宋仁宗时期,"冗军""冗官""冗费"等一系列社会矛盾已尤为突出。在对外方面,赵宋政权又面临着辽、西夏等外族政权的长期困扰。面对北宋王朝这一阶级矛盾与民族矛盾交织、内外交困的严峻境地,由范仲淹等士大夫所发起的"庆历新政"应运而生,但它却犹如昙花一现而旋即失败。

宋神宗执政后,为扭转北宋王朝内外交困、积弱积贫的局面而立志革新,大力起用王安石而发起轰轰烈烈的变法运动。这一变法运动以富国强兵为明确目标,以理财为核心,同时也对文化教育等多方面进行大力革新。变法伊始,变法派(即"新党")和反变法派(即"旧党")两大阵营即迅速形成,并围绕着诸多变法举措的实施而长期争斗不休。为保障新法的顺利推行,新党不乏对旧党的压制和打击,但从总体上来讲,两党之间还尚未发展到势如水火、你死我活的严重境地。而介于两派之间的中间势力(中间派),则随着变法活动的逐步开展、推进而游离于变法派、反变法派之间,且部分人员的政治立场、观念也相应发生了一定的转变。也正是在熙丰变法这一社会大背景下,在元丰二年(1079)陈瓘应试时,王安石新学是作为唯一的合法官学而客观存在的,它也是诸多士子跻身仕途的敲门砖。从陈瓘自身来讲,他如果想实现步入仕途、施展个人的政治抱负,参加科举考试也就成为可供其选择的一个重要途径。对于这一点,陈瓘在之后的著作中也给予了相应解释,称自己当时"以答义应举,析字谈经,患史事之难究,弃而不习;悦庄周之寓言,跻为圣典。凡(王)安石之身教,王雱之口学,臣皆以为是"①。可以说,这一时期的陈瓘不仅将参加科举考试作为他步入仕途的途径加以利用,而且在学术思想方面对当时占据主导地位、得到官方大力倡导的王安石新学也由衷认同,在政治方面对王安石所主导的熙丰新政也相当赞同。正因如此,陈瓘在他入仕初期曾经一度"评荆公为伊、吕圣人之耦","尝以(王)安石比之伊尹"②,也就不难理解了。总体来讲,陈瓘在入仕前夕以及入仕初期,

---

① 《四明尊尧集》卷8《处己门》,史279-744。
② 《四明尊尧集》卷8《处己门》,史279-744。

对王安石新学、熙丰新政乃至王安石本人,都是极为认同和赞赏的,这一点应该是可以确定的。

元祐年间,在太皇太后高氏的大力扶植下,旧党得以重返北宋朝堂、掌握朝政实权,以司马光等人为首的旧党集团迅速着手废除熙丰新法。在熙丰新法几乎被全盘废罢的过程中,旧党复行差役法、废罢免役法即成为其中颇为典型的一例,而蔡京等政治投机者在此期间也发挥了推波助澜的重要作用:

> 司马光秉政,复差役法,为期五日,同列病太迫,(蔡)京独如约,悉改畿县雇役,无一违者。诣政事堂白(司马)光,(司马)光喜曰:"使人人奉法如君,何不可行之有!"①

正是通过这种政治投机,蔡京赢得了旧党集团的信任。重掌朝堂的旧党集团,不仅尽废熙丰新法,同时极力打击报复、尽逐新党成员,并且其迫害新党成员的政治手段也是极尽残酷之能事。因此,在元祐时期北宋政坛的发展演变中,旧党、新党之间的政治斗争即呈现出一种相当残酷的状态,而这种残酷的政治斗争在整体上则以元祐旧党势力甚嚣尘上、新党力量低靡为基本特征。对于元祐年间旧党、新党两大势力之间这种激烈、残酷的政治斗争,陈瓘在当时也有着较为清醒的认识,同时他自身的政治立场、观念也在这种复杂政治环境的变迁中逐步发生着一些微妙的变化,即他在这一时期对新党的拉拢尽力采取规避态度加以应对,从而导致在政治上同新党势力的分离倾向更趋明显。在当时复杂的政局变动中,客观来讲,陈瓘此时在政治上主要持一种观望态度,并不明确归属于新党或旧党。

---

① 《宋史》卷 472《奸臣传二·蔡京传》,第 13721 页。

绍述时期北宋政局再次逆转,重新执政的新党集团上台伊始即迅速以残酷的政治迫害手段大肆报复元祐旧党,其残酷程度较之元祐时期旧党的做法可谓不相上下。对于元祐年间旧党针对熙丰之政的肆意篡改、"行之太遽"①以及由此而滋生出来的诸多弊端,陈瓘也有着他自己的一定认识。但相对而言,陈瓘更多地则是对新党的这种做法不予认同。比如,在章惇奉命赶赴朝廷就任宰相的中途,陈瓘在与章惇交谈的过程中,即明确表明自己对新党重掌朝柄后准备推行的严厉打击、报复旧党这种执政方针的异议。陈瓘认为"熙宁未必全是,元祐未必全非"②,并进而提出"消朋党,持中道"的政治主张,试图规劝章惇施行一种持平执中的执政路线,以此来缓解新、旧两党之间的宿怨。但在当时新、旧两党积怨颇深、势如水火的形势下,他的这些建议并未被章惇所采纳。而陈瓘、章惇二人的此次会谈,已开始凸显出彼此之间的政见分歧,这也在某种程度上为以后的矛盾和冲突埋下了隐患。

此后,针对章惇等人的新党执政,陈瓘又在其上奏中进一步提出"若稽古"之论。所谓"若稽古",按照陈瓘的解释,"'若'者,顺而行之;'稽'者,考其当否,必使合于民情,所以成帝王之治"③。陈瓘所提出的这一主张,是针对当时宋廷应如何对待此前的熙丰、元祐之政这些问题,建议对以往的政策在部分继承的基础上加以改进,从而通过这种方式来保持执政政策的一定连贯性。而实际上,陈瓘"若稽古"之论在很大程度上也是对他此前所提倡的"消朋党,持中道"主张的一种延续和发展,其主要目的之一即是力主对元祐之政部分加以继承、保留,以图借此来尽量减轻新党对元祐旧党的打击力度。但在宋哲宗以及以章惇为首的新党集团决意推行打击、报复元祐旧党

---

① 《长编》卷485,绍圣四年四月乙未,第11531页;《宋宰辅编年录》卷10,绍圣元年四月壬戌"章惇左仆射"条,第816页;《宋大事记讲义》卷20《戒小人偏向》,第734页。
② 《古今事文类聚新集》卷7《乘舟偏重》,子928-93。
③ 《宋史》卷345《陈瓘传》,第10962页。

的执政政策下,陈瓘的这种主张也就自然未被采纳。而随着北宋政局的进一步发展,陈瓘与执政新党之间的矛盾也在逐步加深,双方的政治分野渐趋明朗,直至最终彻底走向决裂。到宋徽宗时期,陈瓘、邹浩、龚夬等一大批官员在相继出任台谏官后,利用台谏官这一身份以及曾布等人的支持,很快展开对章惇、蔡卞等新党官员的大力讨伐和弹击。这种局面,客观上也是陈瓘等人同曾布之间权力的相互借助和利用,彼此都实现了各自的一定政治目的。

与此同时,陈瓘、邹浩、龚夬等台谏官对以章惇为首的新党成员接连弹劾、抨击活动的开展,无形中也恰恰成为宋徽宗、曾布等人对新党给予一定政治打击、压制的有力辅助,客观上对钳制和削弱章惇、蔡卞等新党势力发挥了一定作用。而透过此期陈瓘等人的一系列政治活动不难发现,包括陈瓘在内的一大批台谏官在政治上更加倾向于旧党势力,同新党愈加离心。陈瓘与曾布等当权者之间这种政治上的暂时合作,随着其《日录辨》《国用须知》等一系列上奏引发的双方之间的政治矛盾和对立而逐渐公开化、表面化并最终走向彻底破裂。

较之于与曾布之间这种政治关系从合作到破裂的发展和演变,陈瓘、蔡京二人之间则更是始终充斥着不可缓和的激烈冲突和斗争。宋徽宗时期,蔡京专权、排斥异己的政治企图更趋明显,而陈瓘等人对蔡京的接连弹劾,无疑也就成为蔡京专权过程中的一大羁绊。蔡京集团"假绍述之名,行挟持之术……名为遵用熙丰之典,乃实肆为纷更,未有一事合熙丰者"[①]之情形的出现,也为陈瓘等台谏官对其的弹劾提供了口实。随着宋徽宗时期政治斗争的不断加剧、恶化,陈瓘对蔡京等人的这种政治弹劾也逐渐趋于猛烈,并进而将对蔡京的抨击在其根源方面向上追溯至王安石。如在《四明尊尧集》中,陈瓘即将对蔡京等人执政的不满上溯、归罪于王安石,"始明白痛斥王氏

---

① 徐梦莘:《三朝北盟会编》靖康中帙卷24,靖康元年七月乙亥,台北:台湾大化书局,1979年,第491页。

而悔合浦之支离回护,以为非矣"①;同时,他又将熙宁之政与元丰之政、王安石与宋神宗分别割裂开来,认为王安石变法严重违背宋神宗本意,并进而将王安石变法定性为导致北宋祸乱的根源。所有这些,都是为陈瓘打击蔡京并由此进而于学术上、政治上彻底击垮王安石而服务的。在陈瓘看来,蔡京假绍述熙丰、继述王安石之政为名而行专权之实,如果想在政治、学术等方面彻底打倒王安石,也就很有必要首先打倒蔡京,这在很大程度上也就为自蔡京而追溯至王安石提供了一种合理的解释。总的来讲,陈瓘是将王安石、蔡京各自的执政作为一个整体而予以讨伐和痛斥的。

在宋廷内部,不杀士大夫、崇文抑武等文化政策也被统治者作为"祖宗家法"而加以继承和发扬,这对大批通过科举等途径步入仕途的封建士大夫而言,为其拥有较高的政治地位、相对比较宽松的言论自由创造了有利条件;同时,以天下为己任等儒家传统思想观念的发展,以及随着"积弱""积贫"局面的长期存在,北宋时期士大夫的忧患意识也逐步得以增强。北宋的这种文化政策和体制、文化和政治环境,为文人积极参政创造了有利条件,也有力推动了大批士大夫积极投身政坛、发表自己的主张与言论,并敢于对时政提出诸多批评和建议。而在这一社会大环境下,对于陈瓘这一人物而言,他也积极投身于北宋政坛之中,敢于在北宋后期的不同阶段,在新、旧党争的严峻政治斗争中,不时提出自己对朝政的主张和建议,同章惇、蔡卞、曾布、蔡京等权臣相继展开斗争。这种斗争,固然有陈瓘与章惇、蔡卞、曾布、蔡京等人之间政治立场、价值取向不同等多方面的因素寓于其中,但北宋长期以来所延续下来的台谏制度、台谏体制,则无疑为陈瓘等台谏官的政治活动在一定程度上提供了制度方面的较大保障。与北宋前期、中期台谏官"未有知而不言,言而不行,亦未有言之不行而不争,争之不胜而不去者"相比,宋徽宗时期虽然已是"宰臣、执政、侍从官各举可任台谏者",权臣操纵台谏

---

① 戴表元:《剡源文集》卷19《题陈了翁合浦与弟帖》,集1194-247。

系统和台谏官独立言事原则受到严重破坏,以至"绍圣、崇宁以后,此风遂泯"①,但宋徽宗朝陈瓘、丰稷、邹浩等台谏官的政治活动依然能够形成一股不容忽视的政治力量,这种政治力量在监察朝政、抵制蔡京专权等方面具有一定的作用。另外,在不同的时期,陈瓘的政治立场也曾有一些相机而适的色彩和变动,但从总体上来讲,他的这种思想、政治活动的转变,还是不可与富有善变、投机政治色彩的杨畏、曾布等人同等而论。宋代士大夫那种不畏强权、敢于批评时政的士风,在陈瓘身上得到了较好印证,"虽诸公交荐,迨居言职,所疏奸恶,虽所举不避也"②。在同蔡京等人所进行的长期而坎坷的斗争中,陈瓘的这一政治风格和从政特点更是得到了极其鲜明的体现。陈瓘针对王安石及其政事的评判,对南宋时期乃至后世也都产生了较为重要的影响。关于这一方面将在后面做进一步的相应探讨,此不赘言。

第二节　陈瓘对王安石及其变法、学术的由扬到贬
——从《日录辨》《合浦尊尧集》到《四明尊尧集》

陈瓘在史籍记载中呈现给世人的一个典型特征,就是他对王安石及其政事的态度、评判,在前后不同阶段经历了由最初的极度推崇到后来的全面批判这样一种显著转变。之所以在陈瓘身上会发生如此前后截然不同的巨大转变,其原因涉及诸多方面。其中,陈瓘本人在其仕途发展中所遭受的诸番迫害,不同阶段政治思想所发生的重大转变,都与他对王安石及其政事的态度、评判的转变有着内在的密切联系。

---

① 《鹤山集》卷20《乙未秋七月特班奏事》,集1172-260。
② 《东都事略笺证》卷100《陈瓘传》,第1079页。

一、陈瓘对《王安石日录》的评判

在陈瓘政治思想的发展、演变中,他对《王安石日录》的态度、评判是其中的一个重要方面,且在不同时期有着显著变化。因此,就陈瓘对《王安石日录》的态度、评判转变加以探讨,也就有助于我们更好地理解他对王安石及其变法在前后不同阶段截然不同的态度和评判。

在探讨陈瓘对《王安石日录》的评判之前,有必要简要回顾一下《王安石日录》的相关情况。依照新帝即位后即要开展前代皇帝执政时期的实录编纂这种惯例,自元祐元年(1086)二月开始,宋哲宗即先后任命蔡确、司马光、吕公著、吕大防、范祖禹等人担任提举官等职务,负责《神宗实录》的修撰。到元祐六年(1091)三月,《神宗实录》终告完成,由吕大防领衔呈进,共计200卷。① 这样一支自始至终几乎完全被旧党所控制的编纂队伍,在修撰《神宗实录》的过程中,在对王安石及其变法活动这些问题的记录方面,基本上遵循着"尽书王安石过失,以明非神宗之意"②的总体立场和指导原则,因而其否定王安石及其变法活动的意图也就体现得相当明显。对于元祐旧党这样的做法,如果考虑到"因为《实录》关系到对整个神宗朝政治的评价。对于旧党而言,对新政的否定关系到元祐更化在法统上的合理性与合法性"③这一关键因素,也就不难理解了。也正是在元祐旧党的严格掌控下,在全面否定王安石及其变法这一思想的指导下,此次《神宗实录》的编纂在史料的取舍、政治立场的确立等方面都极大地受到诸多人为因素的影响。对此,曾布就曾指出:"元祐所修《实录》,凡司马光《日记》《杂录》,或得之传闻,或得之宾客所记之事,鲜不遍载,而王安石有《日录》,皆

---

① 《玉海》卷48《元祐神宗实录》,第910页。
② 《建炎以来系年要录》卷79,绍兴四年八月戊寅,第1487页。
③ 陶丰:《王安石新学兴废述》,《新宋学》2001年第一辑,第332页。

当日君臣对面反覆之语,乞取付史院照对编修,此乃至公之论。"①总体看来,元祐旧党在组织、开展《神宗实录》的编纂过程中,对不利于王安石及其变法的史籍记载,哪怕其来自不足为信的传闻,都一概不厌其烦地大量加以采用;反之,对于史料价值、可信度颇高的时政记等史料,即使其对王安石及其变法的记载和评价比较客观、真实,也会对其加以大肆舍弃或篡改。如此看来,此次元祐旧党所主持编纂的《神宗实录》,其总体的指导原则和政治目的,即在于通过对王安石及其变法的全面否定、篡改,彰显元祐更化的合法性和元祐旧党重新执政的合理性。正是在这样一种思想、编纂原则的指导下,反对、否定王安石及其变法的政治基调贯穿于《神宗实录》的取材、修撰等诸多环节。因此,这一时期完成的《神宗实录》无疑是在元祐时期太皇太后高氏、司马光等旧党集团操纵实权、极力否定王安石及其变法这种政治形势下的一个特殊产物,更多的是作为反对熙丰之政的一种政治手段而被加以充分利用的。

元祐九年(1094)四月,宋哲宗正式改元"绍圣",公开扛起继承其父宋神宗遗志、承袭熙丰之政的这一旗帜。这样,重修《神宗实录》即成为反击元祐旧党、推行"绍述"新政的当务之急。而在这次重修《神宗实录》的过程中,从绍述新党所采取的举措来看,一个重要的变化就是从取材、编纂原则等方面对元祐旧党所编修的《神宗实录》进行根本性的修改。伴随着绍圣时期的来临、新党执政局面的重新确立,围绕着《神宗实录》的编修这一问题,谏官翟思等人率先展开对元祐旧党的声讨,指出"元祐间,吕大防提举《实录》,(范)祖禹、(张)庭坚等编修,刊落事迹,变乱美实,外应奸人诋诬之词"②。中书舍人蔡卞在其上奏中也明确指出:"先帝盛德大业,卓然出千古之上,发扬休光,正在史策。而实录所纪,类多疑似不根,乞验索审订,重行刊定,使后世

---

① 《〈长编纪事本末〉点校》卷129《陈瓘贬逐》,第1432页。
② 《郡斋读书志校证》卷6《实录类·神宗朱墨史二百卷》,第232页。

考观,无所迷惑。"①宋哲宗随即任命蔡卞为修撰官,正式启动《神宗实录》的重新修撰。那么,宋廷对此次重修《神宗实录》的取材问题又是如何处理的呢?在这一方面,曾布当时即明确建议:"王安石有《日录》,皆当日君臣对面反覆之语,乞取付史院照对编修。"②具体到之后重修《神宗实录》的实际开展中,绍述新党也确实采用了这种做法,即基本上以《王安石日录》为依据而对元祐年间所修《神宗实录》重新加以订补,"凡日历、时政记及《神宗御集》之所不载者,往往专据此书,追议刑赏"③。"其朱书系新修,黄字系删去,墨字系旧文,其增改删易处则又有签贴。"④此次重新修订的实录仍为200卷,即朱墨本《神宗实录》。

可以说,从元祐到绍圣、元符年间,在新党和旧党势如水火、相互倾轧的政治斗争发展中,《神宗实录》的编修作为双方斗争的一大焦点而被充分加以利用,并且这种斗争一直持续到宋徽宗年间。到元符三年(1100)正月,宋徽宗正式即位,宋徽宗统治集团迅速着手牵复被贬谪的元祐旧党官员,试图以此来缓和新党、旧党之间的矛盾,以实现平息争端、稳定政局的目的。在这样一种新的政治形势下,到元符三年(1100)五月,时任左正言的陈瓘则在其奏疏《上徽宗乞别行删修绍圣神宗实录》中明确提出:

> 臣伏闻王安石《日录》七十余卷,具载熙宁中奏对议论之语。此乃人臣私录之书,非朝廷之典册也。自绍圣再修《神宗实录》,史官请以此书降付史院,凡日历、时政记及《神宗御集》之所不载者,往往专据此书,追议刑赏。夺宗庙之美以归故臣,建掌书之官以修私史,考之往古,并无此例。⑤

---

① 《宋史》卷472《蔡卞传》,第13728页。
② 《长编拾补》卷18,建中靖国元年八月甲寅,第215页。
③ 《宋朝诸臣奏议》卷60《上徽宗乞别行删修绍圣神宗实录》,第657页。
④ 《直斋书录解题》卷4《起居注类·神宗实录朱墨本二百卷》,第130页。
⑤ 《宋朝诸臣奏议》卷60《上徽宗乞别行删修绍圣神宗实录》,第657页。

在此，陈瓘除了对绍述时期所编修的《神宗实录》表达强烈不满外，同时又极力建议宋徽宗应该"改而正之，理不可缓。所有绍圣《神宗实录》，愿诏史臣别行删修，以成一代不刊之典"①。与陈瓘的这一奏请相呼应，侍御史陈次升也随即奏称："神考一朝大典，倘容史官任其私意紊乱事实，不行究治，何以彰圣孝之至？"从陈瓘、陈次升等人的这些言论和立场来看，他们主要是抓住绍圣新党成员所谓的"专据"《王安石日录》来编撰《神宗实录》、重修后的《神宗实录》乃为"私史"这些方面，进而由此来抨击新党绍述之政，为元祐旧党辩护，其真实意图之一即是为元祐旧党的重新执政争取条件。

到建中靖国元年（1101），宋廷明确将对新、旧两党同时加以参用作为总的执政方针，以图借此来缓和两党之间的激烈斗争。这种政治环境的变化，也就使得最初代表新党政治立场、颇富"绍述"气息的绍圣年间所修《神宗实录》与时下执政者的执政方针显得不尽吻合了。利用这一时机，陈瓘在该年八月时再次向朝廷进奏《日录辨》，从而在原来《上徽宗乞别行删修绍圣神宗实录》的基础上进一步展开对《王安石日录》的批判和鞭挞。比如，陈瓘在《日录辨》中明确指出，宋神宗虽尊王安石为师臣，但熙宁、元丰年间的丰功伟绩均应归属为宋神宗之功，"以言乎政事，则改法就功，取成于心，是则神考之独志而（王）安石之所以归美者也"②；而陈次升等人也秉承这种基调，极力坚称"熙宁、元丰间，励精庶政，更新百度，尽出宸断，而执政大臣但奉行而已"③。同时，陈瓘认为作为人臣的王安石理应归美于宋神宗，但因"用事之臣暗于此理，托奉宗庙，独尊（王）安石，假绍述于诏令，寓好恶于刑赏……但专美于人臣，不归德于我后，凌压宗庙以植其私，事之乖谬，莫大于此，岂惟负神考在天之灵，抑亦失（王）安石事君之意"④。由此也就不难看出，陈瓘

---

① 《宋朝诸臣奏议》卷60《上徽宗乞别行删修绍圣神宗实录》，第657页。
② 《长编拾补》卷18，建中靖国元年八月壬子，第647页。
③ 陈次升：《谠论集》卷2《上徽宗论修神宗实录》，影印文渊阁四库全书，台北：台湾商务印书馆，1986年，史427-337。
④ 《长编拾补》卷18，建中靖国元年八月壬子，第647页。

《日录辨》的批判矛头当此之际尚未直接指向王安石本人,而是将章惇、曾布等权臣作为主要的批判目标。但从最终的结果来看,陈瓘此举不仅没有达到动摇曾布等人政治地位、推动朝廷再次重新启动《神宗实录》编纂的目的,反而使自己再次遭到宋廷的责罚。与此同时,我们也应看到,陈瓘在其《日录辨》中所显示出的政治观点也是极为鲜明的,即他在这一时期还尚未明确地将王安石作为批判对象,而是将章惇、曾布等人视作尊私史而坏先政的元凶予以大力讨伐。至于陈瓘对王安石及其《王安石日录》进行深刻批判,则是在他后面撰著《四明尊尧集》时期。

二、《合浦尊尧集》中的"尊王贬卞"

崇宁元年(1102)蔡京重新上台并占据相位,开始与宋徽宗联合大肆排斥异己,进一步打击元祐党人,并将那些在政治上同情或倾向于元祐党人,甚至曾经反对元祐之政的官僚,一并列为元祐党并予以无情打击和禁锢。为此,在宋徽宗、蔡京的联合策划下,崇宁元年(1102)至三年(1104),宋廷三次下诏树立"元祐党籍碑"。入碑人数不断增加,所受迫害也日益加深。其间,陈瓘作为极力反对蔡京的重要一员,自然不能幸免,而且较其他成员所受迫害更为惨重。

崇宁二年(1103)正月,针对中书省检会任伯雨等人上言的情况,宋廷随即诏令:

> 任伯雨除名勒停,编管昌化军;陈瓘除名勒停,编管廉州;龚夬除名勒停,编管象州;马涓除名勒停,编管澧州;陈祐除名勒停,编管归州;李深除名勒停,编管复州;张庭坚除名勒停,编管鼎州。江公望责授衡州司马,永州安置;邹浩除名勒停,昭州居住,以上并永不得收叙。王觌除名勒停,临江军居住;责授道州别驾、台州安置丰稷除名勒停,建州居住;奉议郎、监中岳庙陈次升除名勒停,建昌军居住;降授承议郎、管勾

玉隆观谢文瓘除名勒停,邵武军居住;责授楚州团练副使张舜民除名勒停,房州居住。①

此次十四人同日被贬,陈瓘被除名勒停、编管廉州(今广西合浦),"并永不得收叙"。自此,陈瓘在以后三年多的时间内(崇宁二年正月至崇宁五年九月)远离了朝堂。尽管如此,蔡京及其党羽对陈瓘的种种迫害却仍是层出不穷。而也正是在被贬廉州期间,陈瓘的《合浦尊尧集》这一重要著作得以完成。虽然《合浦尊尧集》现已散佚,具体内容无法得见,但我们仍可自现今所保存下来的陈瓘本人以及他人著作中窥其大概。比如,就《合浦尊尧集》所反映出的主体思想而言,陈瓘在其《四明尊尧集序》中即称,自己曾在《合浦尊尧集》中"以(王)安石比于伊尹"②,"不忍以荆公为非,故其论皆回隐不直之辞"③。通过这些记载可见,显然此时的陈瓘对王安石仍极为推崇,无论是对王安石的才干还是人品等等,自多方面都给予了高度的肯定和褒扬。而针对自己在最初的《日录辨》及其后的《合浦尊尧集》中均未将批判的矛头直指王安石这种情形,陈瓘也给出了相应的解释:

及在都司,进《日录辨》,当是之时,臣于《日录》未见全帙,知其为私史而已,未知其为增史也。自去阙以来,寻访此书,偶得全编,遂获周览,窜身虽远,不废讨论。路过长沙,曾留转藏之语,待尽合浦,又著垂绝之文。考诋诬讥玩之言,见蔡卞偏增之意,尚谓(王)安石趣录,皆可凭据,(蔡)卞之所增,乃有诬伪。④

---

① 《长编拾补》卷21,崇宁二年正月乙酉,第730—731页。
② 《宋陈肃公言行录》卷5《四明尊尧集序》。
③ 《四明尊尧集》卷10《四明尊尧集后序》,史279-748。
④ 《四明尊尧集》卷1《四明尊尧集序》,史279-712。

……当是之时，臣于《日录》考之未熟，知其为增史而已，未知其为悖史也。盖由臣智识昏钝，觉悟不早。追思谏省奏章，乃至合浦旧述，语乖正理，随俗妄谈，既轻神考，又诳陛下……①

透过这些记载可以看出，陈瓘直到被贬廉州从未中止对《王安石日录》的关注；此外，他在撰写《合浦尊尧集》这一著作的过程中，更是进一步对《王安石日录》中所含的所谓"诋诬讥玩之言"加以钻研。而他在撰写《合浦尊尧集》期间钻研所谓王安石"诋诬讥玩之言"的结果，那就是陈瓘认为"（王）安石趣录，皆可凭据"。也就是说，陈瓘认为《王安石日录》中王安石本人所撰写的文字内容，其真实性还是完全可信的；同时，陈瓘认为该书中又有后来被改写的部分，而这一部分却是蔡卞等人假借王安石之名而伪增的，不足为信。这样来看，贯穿在陈瓘《合浦尊尧集》中的一个总体的指导思想，即"虽论裕史不当用《日录》，然多是王介甫而非蔡卞"②。对此，《九朝编年备要》中也称："及（陈）瓘贬廉州，乃著《合浦尊尧集》，以《日录》诋讪之罪归于蔡卞。"③由此我们可以发现，到这一时期，陈瓘对《王安石日录》的认识与定位，由最初在《日录辨》中仅仅认为其为"私史"，到此时在《合浦尊尧集》中进而认为《王安石日录》中存有蔡卞私意改写的成分，经历了这样一种由"私史"向"伪史"的重要转变过程。

那么，陈瓘撰《合浦尊尧集》的最初动机，正如同他本人后来所说，实际上即是视宋神宗为尧、宋徽宗为舜，所谓"尊尧"即是主张在宋徽宗朝要遵奉宋神宗之政，这也是他撰著此书的主要目的。通观此书，他极力批驳绍圣年间蔡卞凭借其宰执之位，在主持重修《神宗实录》时专据《王安石日录》而对

---

① 《宋忠肃陈了斋四明尊尧集》卷1《四明尊尧集序》，《续修四库全书》第448册，第360-361页。
② 《周必大全集·庐陵周益国文忠公集》卷17，《跋闲乐居士陈师锡与了翁陈瓘论王氏日录书》，第146页。
③ 《九朝编年备要》卷28，政和元年九月，史328-752。

元祐年间所修《神宗实录》或增或改、混淆是非。因此,从陈瓘的角度看来,正是在蔡卞的一手操纵下,导致了绍圣年间所编修的《神宗实录》已经发生了很大变化,即存在"卞之所增,乃有诬伪"①这种现象。按照陈瓘的逻辑,绍圣年间宋廷对《神宗实录》一定程度上的或增或改,主要应归罪到蔡卞头上。因此,反映到陈瓘的《合浦尊尧集》中,它也就呈现出"尊王贬卞"这样一种典型的总体特征。

三、《四明尊尧集》对王安石及其变法、学术的全盘否定与批判

崇宁五年(1106)正月,彗星骤现,宋廷为此而借机下诏,宣称"中外臣僚等,并许直言朝政阙失","应元祐及元符末系籍人等,今既迁谪累年,已足惩戒,可复仕籍,许其自新",随即又下令将朝堂内及分布在全国各地的"元祐党籍碑"一并加以除毁。此后不久,宋廷又故作姿态,下令"大赦天下,应合叙用人,依该非次赦恩与叙;应见贬责命官未量移者,与量移……"②。正是因为宋廷这种政治气候的变化,陈瓘在这一时期才得以改居明州。也正是在明州贬居期间,陈瓘的代表作品《四明尊尧集》最终完成。而从《四明尊尧集》所反映出来的主要内容、思想来看,它也标志着陈瓘到这一阶段对王安石及其政事、学术思想的评判,与《合浦尊尧集》相比已经发生了一种截然不同、前后迥异的重大转变:"其初窜廉州时所著名《合浦尊尧集》,但著十论,犹未直攻安石。及北归后,乃改作此书,分为八门,曰圣训、论道、献替、理财、边机、论兵、处己、寓言,始力斥王安石之诬。"③"昔之所是,今觉其非。既知其非,安敢不改。"④针对这一问题,陈瓘在《进〈四明尊尧集〉表》中也称:"初谓熙宁之辅,不愧有商之臣,于成汤敢肆厥欺,疑(王)安石有所弗忍。及

---

① 《四明尊尧集》卷1《四明尊尧集序》,史279-712。
② 《〈长编纪事本末〉点校》卷124《追复元祐党人》,第1372—1373页。
③ 《四库全书总目》卷89《史评类存目一·四明尊尧集十一卷》,第757页。
④ 《宋陈忠肃公言行录》卷5《处己门》。

究观于怼笔,始粗见其游辞。因思大典之久诬,益愿忘躯而往诉。合浦十论,申旧疏之余言;四明八门,撮其要于一序,实欲彰大德之盛,不敢畏王氏之强。"①从而对自己由《合浦尊尧集》到《四明尊尧集》的态度明显转变给予了简要解释。

对于陈瓘在前后不同时期的变化,岳珂在其《桯史》中也有着相应的记载和说明:

> 《目〔日〕录》一书,本熙宁间荆公奏对之辞,私所录记。绍圣以后,稍尊其说,以窜定元祐史谍〔牒〕。蔡元度卞又其婿,方烜赫用事,书始益章。建中靖国初,曾文肃布主绍述,垂意实录,大以据依。陈了翁瓘为右司员外郎,以书抵文肃,谓薄神考而厚安石,尊私史而厌宗庙,不可。文肃大怒,罢为外郡,寻责合浦,了翁始著《合浦尊尧集》,为十论,亶辨其所纪载,犹未敢以荆公为非。及北归,又著《四明尊尧集》,为八门,曰圣训、曰论道、曰献替、曰理财、曰边机、曰论兵、曰处已(己)、曰寓言,始条分而件析之,无婉辞矣。②

而从《四明尊尧集》编排体例的设计来看,陈瓘则是择取《王安石日录》中的65段内容,将其分布在八门之内而逐条加以辨析与批判。综合来讲,依据其著述的相关内容,陈瓘在《四明尊尧集》中对王安石及其政事等方面的批评、指责,基本上集中体现在如下几个大的方面③:

1. 斥责王安石假借宋神宗之语,轻君而归誉于己

如前所述,较之《合浦尊尧集》中对王安石的"犹回隐不直",陈瓘在《四明尊尧集》中则已将批判的矛头直指王安石。例如《王安石日录》称"卿,朕

---

① 《宋忠肃陈了斋四明尊尧集》卷1《进四明尊尧集表》,《续修四库全书》第448册,第357页。
② 《桯史》卷11《尊尧集表》,第128页。
③ 另可参见孔学《王安石〈日录〉与〈神宗实录〉》一文的相关研究。

师臣也","督责朕有为",又云"朕自觉材极凡庸,恐不足与有为,恐古之贤君,皆须天资英迈"。又如,"所以为君臣者形而已矣,形故不足累卿";"王安石造理深,能见得众人所不能见";"安石不是智识高远精密,不易抵当(挡)流俗。天生明俊之才,可以庇覆生民。"①……陈瓘认为这些均是王安石的矫造之言,并非宋神宗亲发之训,乃是王安石"托训以轻君……托训以自誉"。此外,陈瓘又择取《王安石日录》中"朕顽鄙,初无智识。自卿在翰林,始得闻道德之说,心稍开悟""卿初任讲筵,劝朕以讲学为先,朕意未知以此为急"之类的话语,来印证王安石有假托神宗之语而归誉自己、抬高自身地位的企图。陈瓘不厌其烦地对此类之语一一拾撷,并逐条加以批驳,其用意是显而易见的,那就是借助《王安石日录》中王安石、宋神宗对话之语,自正面直接抨击王安石有借助其《王安石日录》一书贬低宋神宗、抬高自己的目的,"是则掠美于己,非则敛怨于君"②,试图以此将王安石从"圣人"之列摒弃出去。

反映到《四明尊尧集》等作品中,陈瓘更是连篇累牍地抨击王安石以"帝师"自居,将此作为王安石轻君的一大"罪状":

……又臣所上章疏,谓安石为神考之师。神考尧舜也,任用安石止于九年而已矣,初用后弃,何尝终以安石为是乎?臣乃以安石为神考之师者,臣于此时犹蔽于国是故也。③

《日录》云,"卿朕师臣也",乃安石矫造之言。又云,"督责朕有为",岂神考亲发之训?④

---

① 《四明尊尧集》卷1《四明尊尧集序》,史279-713。
② 《宋忠肃陈了斋四明尊尧集》卷2《圣训门第一》,《续修四库全书》第448册,第366页。
③ 《宋忠肃陈了斋四明尊尧集》卷1《四明尊尧集序》,《续修四库全书》第448册,第359页。
④ 《宋忠肃陈了斋四明尊尧集》卷1《四明尊尧集序》,《续修四库全书》第448册,第361页。

> 朕顽鄙，初未有知，自卿在翰林始得闻道德之说，心稍开悟。卿，朕师臣也，断不许卿外出。
>
> 上言难得知经善讲者，吴申不能讲，韩维亦不知经义。今差吕惠卿说《书》，退而曾言师臣不可复兼条例司，余以为无害乃已。
>
> 熙宁之初，神考以安石为贤，自邓绾黜逐以后，不以安石为贤矣。安石退而著书，愤郁怨望，当此之时，傲然自圣。①

在此，陈瓘一再强调王安石借宋神宗之口来突出其"帝师"地位，或者是通过著书而"傲然自圣"，强行将这些罪责安在王安石头上。对于陈瓘对王安石所谓"轻君而归誉于己"这一类的攻击，张其凡、金强在《陈瓘与〈四明尊尧集〉——北宋哲徽之际党争的一个侧面考察》②一文中认为，"其实神宗对'师友之臣'王安石非常尊敬，这在《续资治通鉴长编》中即可以得到佐证。所以他说出这样的谦辞也未尝不可。王安石忠实地把它记下来，也是为了彰显神宗谦逊的美德。而在陈瓘那里，这却成了王安石的一大罪状"。如此看来，这种批评和指责，颇有"欲加之罪，何患无辞"之嫌，与客观实情则相去甚远。

2. 重评王安石人品，称其奸诈

如将《四明尊尧集》同《合浦尊尧集》两相比较，陈瓘在对王安石人品的评价这一问题上前后迥异、截然不同的态度也是清晰可见。比如，陈瓘称其在撰写《四明尊尧集》之前，在《合浦尊尧集》等著述中"尝以（王）安石比于伊尹""谓（王）安石为神考之师"；而反映到《四明尊尧集》中，陈瓘却一改初衷，突然对王安石极力鞭挞、极力否定。在元祐初期以太皇太后高氏、司马光等人为首的旧党势力实际掌控朝柄、太皇太后高氏所谓权同处理军国大事的

---

① 《宋陈忠肃公言行录》卷5《寓言门》。
② 张其凡、金强：《陈瓘与〈四明尊尧集〉——北宋哲徽之际党争的一个侧面考察》，《浙江大学学报》2004年第3期。

政治局势下,旧党集团虽然在政治上采取极端做法对熙丰之政加以全盘否定,但对王安石的人品仍能给予高度肯定,称王安石节行甚高,宜赠之崇官、加之美懿,"以安石为朴野,优加赠典,欲镇浮薄"①。但在《四明尊尧集》中,陈瓘对当初宋廷的这种做法表达了极度不满,竟以致激愤地认为司马光等人这一避重就轻、自道德文章上肯定王安石的做法,不足以深究王安石之罪,甚至直言:"司马光误国之罪,可胜言哉!"②由此可见,他对司马光等旧党成员在元祐年间高度肯定王安石人品的态度、做法是怎样的忿忿不平。大观四年(1110),陈瓘"复上《四明尊尧集》及《尊尧余言》,痛悔前作"③,借此"极论新法不便……鄙视(王)安石不啻奴隶"④、"'直攻荆公之恶',以改《合浦尊尧集》'回避'之过"⑤,从而将批判的矛头直指王安石本人,称《王安石日录》纯粹是其为泄一己之私愤而撰著的一部矫诬之书⑥。

反之,对于那些严厉指责王安石人品的言论,陈瓘则尤为赞赏并不惜笔墨大肆加以渲染,极尽百般诋毁之能事。例如,陈瓘盛誉吕诲批判王安石"大奸似忠,大诈似信,外视朴野,中藏巧诈,骄蹇傲上,阴贼害物",甚至又将后来因与王安石政见产生分歧、同王安石争权的吕惠卿所诬王安石"尽弃素学,而隆尚纵横之末数以为奇数,以至潜懑胁持,蔽奸党奸。移怒行狠,方命矫令,罔上要君"⑦之类的言论也引为己用,认为这些言论皆切中王安石的要害,并由此而将二吕相提并论,认为他们分别堪称熙宁初、熙宁末论王安石之罪切中要害之人:"熙宁之初,论安石之罪,而中其肺肝之隐者,吕诲一人

---

① 《四明尊尧集》卷1《四明尊尧集序》,史279-715。
② 《邵氏闻见后录》卷23,第185页。
③ 《周必大全集·庐陵周益国文忠公集》卷17《跋闲乐居士陈师锡与了翁陈瓘论王氏日录书》,第146页。
④ 邓肃:《栟榈集》卷19《题跋·书字学》,影印文渊阁四库全书,台北:台湾商务印书馆,1986年,集1133-358。
⑤ 《清波杂志校注》卷2《王荆公日录》,第85页。
⑥ 参见孔学:《王安石〈日录〉与〈神宗实录〉》,第43页。
⑦ 《四明尊尧集》卷1《四明尊尧集序》,史279-715。

而已矣；熙宁之末，论安石之罪，而中其肺肝之隐者，吕惠卿一人而已矣。"①同时，陈瓘还认为吕海、吕惠卿二人"趣向虽异，至于论安石之罪，献忠于神考，则其言一也"②。

这样，陈瓘即借吕海、吕惠卿之言，来为自己对王安石的批判做基础、做陪衬。尽管陈瓘在政治方面对吕惠卿也多有批评，但在这里却是将吕惠卿指责王安石的相关言论大肆渲染，其目的也是显而易见的。不仅如此，陈瓘甚至还声称"寻常学者须知得王介甫一分不是，即是一分好人，知得王介甫十分不是，即是十分好人"③，竟然将对每个人的品德定位与其对王安石攻击的深度画等号，这也显示出其言辞之激烈、执论之偏执。

3. 批评王安石学术不纯，祸乱名分

从学术思想方面来讲，陈瓘在《四明尊尧集》中也是不惜笔墨对王安石口诛笔伐。例如，在《进四明尊尧集表》中，陈瓘开篇即直斥王安石学术不端、纷乱礼仪："临川之所学，不以《春秋》为可行，谓天子有北面之仪，谓君臣有迭宾之礼。礼仪如此，名分若何？此乃衰世侮君之非，岂是（先）王访道之法？"④站在陈瓘的角度和立场，他认为王安石这种君可朝臣、父可拜子的主张、言论，乃是"齐东野人之语"⑤。不止于此，陈瓘进而指出："百官气郁，多士心寒。自有华夏以来，无此悖倒之礼……此乃衰世侮君之非。"⑥总体来看，陈瓘在《四明尊尧集》中对王安石学术不纯的批评，主要是将其提升到祸乱君臣名分的高度而极力加以批判的。

陈瓘同时指出，自《三经新义》出台以来，"凡三十余年，而王氏学术始见密冗。计谋秘奥，包藏深远"，即使是章惇、曾布、蔡京等人亦不得深察其谋，

---

① 《宋忠肃陈了斋四明尊尧集》卷1《四明尊尧集序》，《续修四库全书》第448册，第363页。
② 《宋忠肃陈了斋四明尊尧集》卷1《四明尊尧集序》，《续修四库全书》第448册，第363页。
③ 《吕本中全集·师友杂志》，第1091页。
④ 《四明尊尧集》卷1《进四明尊尧集表》，史279-710。
⑤ 《四明尊尧集》卷1《四明尊尧集序》，史279-712。
⑥ 《四明尊尧集》卷1《进四明尊尧集表》，史279-709。

"主此谋者,蔡卞而已矣,序辰、洵武其腹心也。阴狭计数,用《新经》《日录》之术弄人于谈笑之中,陷人于简策之内,使人习之而不觉,信之而不疑,积日累年,然后令人大悔恨也"①。因此,在陈瓘看来,"私史之诬,发于安石"②,而成于蔡卞、邓洵武等人之手,也颇有必要对这种局面加以纠正和扭转。同时,陈瓘还指出,宋神宗以帝王之佐寄厚望于王安石,王安石竟"自比于(商)鞅,而以秦孝公之事责神考",因此有负于宋神宗的重托和信任。陈瓘认为,这也恰恰是宋神宗到元丰年间不再重用王安石的重要原因之一,"此神考所以九载之后弃安石而不用也"③。

4. 耻从王氏之学,著书以明悔痛心迹

陈瓘对初从王安石之学的深深懊悔之情,在《四明尊尧集》全书中时有流露。而这一"悔过"的主旨,也正是陈瓘在《合浦尊尧集》之后又转而改著《四明尊尧集》的重要目的和出发点之一。陈瓘在《四明尊尧集序》中,即开宗明义地表明了他的这种懊悔之情:

> 臣昨在谏省所上章疏,尝以安石比于伊尹。伊尹圣人也,而臣乃以安石比之者,臣于此时犹蔽于国是故也。又臣所上章疏,谓安石为神考之师。神考尧舜也,任用安石止于九年而已矣,初用后弃,何尝终以安石为是乎?臣乃以安石为神考之师者,臣于此时犹蔽于国是故也。④

由此不难看出,陈瓘到撰著《四明尊尧集》时,对自己最初尊崇王安石之学一事仍是耿耿于怀、痛心疾首,这与他在《合浦尊尧集》中的立场、态度大相径庭。

---

① 《宋忠肃陈了斋四明尊尧集》卷1《四明尊尧集序》,《续修四库全书》第448册,第369-370页。
② 《四明尊尧集》卷2《圣训门》,史279-722。
③ 《四明尊尧集》卷3《论道门》,史279-725。
④ 《四明尊尧集》卷1《四明尊尧集序》,史279-711。

此外，陈瓘在《四明尊尧集》中也多次申明自己"误学其（王安石）教，岂可以不悔""臣之所以著《尊尧集》（按：即《四明尊尧集》）者，为欲明臣改过之心""改过自新，请自今始"①"臣昔以安石为神考之师，是臣重安石而轻神考也。臣昔以安石比伊尹之圣，是臣戴安石而诞陛下也"②"如臣昔者妄推（王）安石谓之圣人，如视蚁蛭以为泰山，如指蹄涔以为大海"③等，时时流露出他的这种深切自责之情。也正是在这一指导思想下，针对自己此前《日录辨》《合浦尊尧集》等著作"议论乖错，得罪公议，窒惕悔恨，故不敢不改也"的情况，陈瓘将《四明尊尧集》视为一部改过之作，"著《四明尊尧集》，以为刍荛改过之书"④，"臣若不洗心自新，痛绝王氏，则何以明臣改过之心乎？臣之所以著《尊尧集》者，为欲明臣改过之心而已矣"⑤。在整部《四明尊尧集》中，这种心迹都有着突出体现。

5. 抨击王安石矫训诬天，凌侮君尊

在陈瓘对《王安石日录》所开展的逐条批判中，矫训诬天、凌侮君尊被列为王安石的一大罪状。例如，陈瓘认为《王安石日录》"书神考之谦词，则曰：'以朕比文王，岂不为天下后世笑！'论太祖之征伐，则曰：'江南李氏何尝理曲？'恣悍悖躁之笔，尽假烈考之词"⑥。为此，陈瓘指出《王安石日录》中此类矫诬上天、曲笔诬上的言辞也就不可不辨、不可不驳。进而，陈瓘又指出，《王安石日录》在"托训"之外对宋神宗多有诋肆言辞："神考小心慎微，彼则曰'好察细务'；神考畏天省事，彼则曰'畏谨过当'；神考欲宽疑似之狱，彼则曰'陛下含糊'；神考礼貌勋贤，彼则曰'含容奸慝'；神考嘉纳忠直，彼则曰'不惩小人'。又谓'奸罔之徒，陛下能诛杀否？'"；《王安石日录》所造宋神考

---

① 《四明尊尧集》卷1《四明尊尧集序》，史279-712、714。
② 《宋忠肃陈了斋四明尊尧集》卷1《四明尊尧集序》，《续修四库全书》第448册，第360页。
③ 《宋忠肃陈了斋四明尊尧集》卷2《圣训门第一》，《续修四库全书》第448册，第362页。
④ 《四明尊尧集》卷10《四明尊尧集后序》，史279-748。
⑤ 《宋陈忠肃公言行录》卷5《四明尊尧集序》。
⑥ 《四明尊尧集》卷1《四明尊尧集序》，史279-713。

谦词,或称"朕顽鄙",或称"朕才力庸短",或称"朕自视未有一毫可比汉宣帝"①;"神考初以帝王之佐望安石,而安石乃自比于(商)鞅,而以秦孝公之事责神考。此神考所以九载之后弃安石而不用也。"②……凡此种种,在陈瓘看来都是王安石假托宋神宗之语而矫诬圣训、欺罔士类,以此来启迪世人悖慢之习;也正是邓绾等人被罢黜、王安石第二次罢相之后,王安石开始"退而著书,愤郁怨望"③,"诬造圣训者于文字,以舒其悖讪之气"④,即借著书之机宣泄私愤。而对于王安石将宋神宗所赐之金转而捐献给蒋山僧寺这类事件,本属王安石不贪恋钱财的自然之举,但在陈瓘眼中却也成为"轻君"的一大罪状。对于王安石的"捐金"举动,陈瓘认为:"尝见人说,以此为旷古所难,其实能有多少物。人所以难之,盖自其眼孔浅耳。""荆公作此事,绝无义理。古者人君赐之果,尚怀其核。怀核,所以敬君赐也。所赐金,义当受则受,当辞则辞,其可名而受之而施之僧寺乎?"⑤极尽嘲讽和抨击。

6. 抨击王安石不应配享太庙

宋徽宗崇宁年间创建辟廱,同时"诏以荆公封舒王,配享宣圣庙,肇创坐像"。针对宋廷的这一举动,陈瓘也是愤愤不平,并在《四明尊尧集》中对此大加批评:

……首善之宫,肇塑其形为坐像。礼官舞[无]礼而行谄,史书献佞而请观。光乎仲尼,乃子雾圣父之赞;比诸孔子,实卞等轻君之情。彼衰周之僻王,弃真儒之将圣。当时不得配太庙之飨,后世所以广上丁之祠。今比安石为钦王之臣,则方神考为何代之主?又况一人幸学,列辟

---

① 《四明尊尧集》卷1《四明尊尧集序》,史279-713、714、725。
② 《宋忠肃陈了斋四明尊尧集》卷2《论道门第二》,《续修四库全书》第448册,第373页。
③ 《四明尊尧集》卷9《寓言门》,史279-745。
④ 《四明尊尧集》卷8《处己门》,史279-740。
⑤ 杨时撰;林海权校理:《杨时集》卷13《语录四·余杭所闻》,北京:中华书局,2018年,第360页。

班随。至尊拜伏于炉前,故臣骄倨而坐视。百官气郁,多士心寒。自有华夏以来,无此悖倒之礼。①

关于这一点,岳珂在其《桯史》中同样也有着相应的详细记载:

> ……了翁愤之,并于奏牍寓意。其略曰:"代言之笔,尽目其徒为儒宗,首善之宫,肇塑其形为坐像,礼官舞[无]礼而行诌,吏书献佞而请观。光乎仲尼,乃王雱圣父之赞;比诸孔子,实下等轻君之情。彼衰周之僻王,弃真儒之将圣,当时不得配太庙之飨,后世所以广上丁之祠。今比安石为钦王之臣,则方神考为何代之主,又况一人幸学,列辟班随,至尊拜伏于炉前,故臣骄倨而坐视,百官气郁,多士心寒,自有华夏以来,无此悖倒之礼。神考之再相安石,始终不过乎九年,安石之屏迹金陵,弃置不召者十载,八字威加于邓绾,万机独运于元丰,岂可于善述之时,忽崇此不逊之像。"
>
> 又曰:"又况临川之所学,不以《春秋》为可行,谓天子有北面之仪,谓君臣有迭宾之礼,礼仪如彼,名分若何,此乃衰世侮君之非,岂是先王访道之法。赣川旧学,记刊于四纪之前,辟水新廡,像成于一塔〔婿〕之手。唱如声召,应若响随。"②

另如邵博在其《邵氏闻见后录》中,也对陈瓘批评王安石不该配享太庙一事大书特书:

> 自安石唱此说以来,几五十年矣,国是渊源,盖兆于此。臣闻天尊地卑,乾坤定矣,定则不可改也,天子南面,公侯北面,其可改乎?今安

---

① 《宋文鉴》卷71《进四明尊尧集表》,第1036页;《宋陈忠肃公言行录》卷4《进四明尊尧集表》。
② 《桯史》卷11《尊尧集表》,第128—129页。

石性命之理,乃有北面之礼焉。夫天子北面以事其臣,则人臣南面以当其礼,臣于性命之理,安得而不疑也……乃以君而朝臣,以父而拜子,则是齐东野人之语,庞勋无父之礼,以此为教,岂不乱名分乎? 乱名分之教,岂可学乎? 臣既误学乎教,岂可以不悔乎?①

从上述这些记载可以看出,对于王安石配享太庙一事,陈瓘将其置于"国是"的高度而对其极力予以抨击,认为此举"乃王雱圣父之赞","实(蔡)卞等轻君之情",实属祸乱君臣名分之举。不仅如此,陈瓘甚至还进而认为,宋廷此举也会造成"遂费今日千倍之财,人材之可擢不殊,国用之添费徒广,朘吾氏之膏血,增彼像之精神,美成其私,怨集于国"②等诸多危害。在陈瓘针对王安石配享太庙一事而为王安石所开列的这些罪责中,祸乱君臣名分才是其中最为关键的一条,而至于"国用之添费徒广"之类的罪名也是相当牵强。陈瓘在递呈此《进四明尊尧集表》之后不久,即在政和元年(1111)九月被宋廷以《四明尊尧集》"语言无绪,并系诋诬,合行毁弃"③等罪责下令勒停台州羁管。但伴随着北宋末南宋初宋廷内部政治局势的变动,陈瓘的这种主张在某种程度上也获得了朝廷的认同和利用,从而对王安石配享地位的变化产生了一定的影响。譬如,针对陈瓘抨击王安石不应配享太庙一事,南宋时期朱胜非即曾给予"安石自崇宁间配享孔子,列坐孟轲之次,靖康初论其非,自(陈)瓘始"④的高度肯定。而朱胜非的这种评价、定位,也是南宋朝廷对陈瓘官方认同的一种反映。

从总体上来看,从《日录辨》《合浦尊尧集》到《四明尊尧集》,围绕着对王

---

① 《邵氏闻见后录》卷23,第180页。另见于《宋忠肃陈了斋四明尊尧集》卷1《四明尊尧集序》,《续修四库全书》第448册,第360页。
② 《宋陈忠肃公言行录》卷5《进四明尊尧集表》。
③ 《长编拾补》卷30,政和元年九月辛巳,第1013页。
④ 《宋史全文》卷14,崇宁三年六月壬寅条注文,第930页。另可参见张健:《从配享到削祀:王安石的孔庙位次与王学升降》,《北京大学学报》2022年第3期。

安石及其变法、学术等诸多问题,陈瓘的思想、评判标准经历了前后截然不同的重大转变。客观而言,这一重大转变不仅是陈瓘对此前元祐旧党全盘否定熙丰之政、否定王安石的政治立场和政治态度的延续和继承,甚至在某些方面较之其他元祐旧党成员走得更远,抨击更为严厉、更为偏激。通观两宋之际自蔡卞、蔡京等人对王安石的神圣化,到靖康年间正式发轫于杨时等人对王安石的妖魔化,陈瓘无疑是其中的重要一环。尤其是陈瓘对王安石及其变法的评价自最初的极度推崇到后来的极力贬斥的转变,更是成为北宋末期、南宋初期王安石新学的官学地位下降、理学的官学地位逐渐上升这一转变的典型"样板",这也成为陈瓘在南宋时期乃至后世不断获得官方和诸多士大夫极大推崇的一个重要因素。比如岳珂,他在《桯史》中即对陈瓘的《四明尊尧集》自多方面予以高度赞扬,甚至认为:"了翁之辨虽明,其迄不见省者,亦政、宣大臣无以正救为将顺者欤!"①这在某种程度上也代表了一大批南宋士大夫的观点和立场。

---

① 《桯史》卷11《尊尧集表》,第130页。

第五章 陈瓘的学术师承、交游和传人

陈瓘这位北宋时期较为特殊的政治人物在众多政治活动中的参与和表现,既与不同时期宋廷的政局波动密切相关,又与他的学术师承和交游紧密相连。对陈瓘学术师承、交游的探析,对于我们更为深入地理解他的政治思想和主张的发展演变多有裨益。换言之,陈瓘的学术师承、交游与其政治主张和活动,二者之间存在一种相互影响、相互促进的内在密切关联。为此,本章即基于这样一种认识,试对陈瓘在北宋后期的有关学术师承、交游加以探讨,以便更好地由此来理解他在不同阶段政治主张、政治活动的变化和差异。

第一节　陈瓘的学术师承

陈瓘在其仕途发展中前后不同时期政治立场的转变,与他的学术思想演变密切相关。当然,他的政治活动变化与其学术思想所承、学术思想的演变之间并非直接的一一对应关系,但其学术思想所承、学术思想的转变对他政治思想、政治立场的变化而言却是相当重要的一个方面。为了更好地理解、探究陈瓘政治活动的发展、从政风格和特点的演变,也就颇有必要对他从政过程中的师承变化、学术思想转变开展相应探讨。也只有这样,才能比较全面、深入地理解和诠释陈瓘这种前后迥异的政治立场、从政风格的巨大转变。

透过相关史籍的记载,我们可以发现陈瓘的学术师承呈现出一种比较复杂的关系网,且前后不同阶段的转变也较为突出。

《宋元学案·陈邹诸儒学案》中较为明确地记载了陈瓘的有关师承情况:

> 祖望谨案:了翁最宗元城,则以为涑水私淑弟子可也;每得明道之文,衣冠读之,以为二程私淑弟子可也;精于皇极之学,以为康节私淑弟子可也。然而其渊源则出于丰氏,而丰氏出于楼氏。当安定、泰山、古灵倡学时,四明五先生隐约里巷,讲学独善耳,远非诸公比也。一传而丰氏,其传已光大于世;再传而遂得了翁、先之二人。然则椎轮为大辂之始,其功不可诬也。

从这一记载来看,它直接指明了陈瓘的学术师承,即"了翁最宗元城","其(陈瓘)渊源则出于丰氏(丰稷),而丰氏出于楼氏(楼郁)"。同时,王梓材在此处所加的按语中指出,陈瓘在为丰稷撰写墓志铭时也以"门人叙复宣德郎、赐绯鱼袋陈瓘叙次"[①]自称。这样也就可以确定陈瓘是刘安世(字符城)和丰稷(字清敏)的弟子、楼郁的再传弟子。此外,由于刘安世师承司马光,因此陈瓘又可被视为司马光的私淑弟子。同时,陈瓘又可被视为二程(程颢、程颐)、康节(邵雍)的私淑弟子。此外,由于丰稷本人在学术上兼师事鄞江先生王致,故此陈瓘也由此而可被视为王致的私淑弟子。

在北宋时期的政治发展中,随着陈瓘逐渐更多地参与到相关政治活动中来,他的学术思想也随着政局演变而发生了较大的转变。在这一变化过程中,陈瓘的学术思想更多地受到司马光的高足刘安世的影响。从陈瓘本人的角度来讲,他对刘安世的学术、思想也确实相当推崇,曾自称"最宗元

[①] 《宋元学案》卷35《陈邹诸儒学案·清敏门人·忠肃陈了斋先生瓘》,第1208页。

城"①。在刘安世、陈瓘二人的长期交往中,彼此之间在学术趣旨、政治见解等方面也确实颇有相通之处,在诸多政治活动中也是相互支持、相互配合。早在二人尚未谋面时,刘安世对陈瓘即早有耳闻,"陈莹中,某尝荐自代,而未尝识面"。此后,二人由相识到相知,友情逐渐增进。二人在学术上、政治上既有争论,又能基本上保持一致立场,彼此之间的沟通、善意性批评自然也是时有发生。例如,刘安世曾针对陈瓘的前后两部《尊尧集》(即《合浦尊尧集》和《四明尊尧集》)提出过较为尖锐的批评。他指出,"莹中多失之过。如《尊尧集》(即《合浦尊尧集》)先评荆公为伊、吕圣人之耦,而后纳诸僭叛不轨之域,此学术不粹也"②,即是对陈瓘由最初盛赞王安石为商代伊尹之类的圣人,后来却在《四明尊尧集》中极力贬低王安石及其学术这种前后迥异转变的一种善意指责,并直言其学术不纯、前后反复之过,这些基本上也属于比较切中要害的批评。从陈瓘的角度来讲,他对刘安世的这种批评也完全能够虚心接受。而针对陈瓘"学术不纯"这一问题,《宋元学案》中也直言"私淑洛学而未纯者,陈了斋、邹道乡也"③,对他也有着相应的批评。

在刘安世、陈瓘之后的朱熹,也时常将陈瓘、刘安世二人相提并论:

> 然观是时元祐诸贤,多埋瘴窟;四海人物,惟有陈瓘;南郡铁壁,惟刘安世所以系天下之望者。此二人耳,使当国者忘其忌而授之政,则靖康、元二之屯必不遗万世恨也。④

---

① 《宋元学案》卷35《陈邹诸儒学案·忠肃陈了斋先生瓘》,第1208页。
② 黄震著;张伟、何忠礼主编:《黄震全集·黄氏日抄》卷44《元城谭录》,杭州:浙江大学出版社,2013年,第五册第1517页。
③ 《宋元学案》卷首《宋元儒学案序录》,第7页。
④ 方大琮:《铁庵集》卷2《右螭奏议·直前札子》,影印文渊阁四库全书,台北:台湾商务印书馆,1986年,集1178-161。

在此，朱熹对陈瓘、刘安世二人的名望、才能固然有言过其实之嫌，但他对陈、刘二人学术趣旨共性的认同却是无疑的。关于这一点，《闽中理学渊源考》中也有着"紫阳先生（朱熹）每以公（陈瓘）与元城忠定刘公并论，大抵其志气相同，其才略亦同也"①的相似记载。

反映到《朱子语类》中，朱熹也曾针对刘安世、陈瓘在批评王安石及其学术问题上的差异给出相应的评价：

> 问："元城、了翁之刚，孰为得中？"曰："元城得中，了翁后来有太过处。元城只是居其位，便极言无隐，罪之即顺受。了翁后来做得都不从容了。所以元城尝论其《尊尧集》所言之过，而戒之曰：'告君行己，苟己无憾，而今而后，可以忘言矣。'"②

从中可以看出，在朱熹看来，他认为刘安世对王安石及其学术的批评相对而言较为"得中"，而陈瓘却是过于偏激、"不从容"了。

陈瓘在学术思想上除了直接师承于丰稷、刘安世外，同时还兼私淑司马光、邵雍以及程颢、程颐等人。张九成在其《横浦集》中指出，"温公（司马光）一传而得刘器之（刘安世），再传而得陈莹中"③。而对于康节之学，陈瓘虽然接触稍晚但却颇为推崇，这种现象到其晚年体现得更为突出。关于这些方面，邵伯温在其《邵氏闻见录》中也有着相应记载："莹中晚喜康节先生之学，尝从伯温求遗书曰：'吾于康节之学若有得也。'"④另如在《邵氏闻见后录》中，邵博也在该书中承袭其父之说："大谏公（陈瓘）与康节不相接，（邵）博之

---

① 《闽中理学渊源考》卷7《忠肃陈莹中先生瓘学派》，第110页。
② 《朱子语类》卷130《本朝四·自熙宁至靖康用人》，《新订朱子全书（附外编）》第19册，第4351页。
③ 张九成：《横浦集》卷16《序·尽言集序》，影印文渊阁四库全书，台北：台湾商务印书馆，1986年，集1138-407。
④ 《邵氏闻见录》卷15，第165页。

先君,因公之请,尝尽以遗书之副归焉。"①学术思想的这种转变,也成为推动陈瓘从政风格发生变化的重要内在因素。

据史籍记载,陈瓘对于二程洛学接触得要晚一些。元丰八年(1085)陈瓘为礼部贡院点检官时与范纯仁之间的一段对话即对这一情况有着较好的反映:

> 予元丰乙丑夏为礼部贡院点检官,适与校书郎范公淳夫同舍,公尝论颜子之不迁不贰,惟伯淳能之,予问公曰:"伯淳谁也?"公默然者久之曰:"不知有伯淳邪?"予谢曰:"生长东南,实未知也。"时予年二十九矣。自是以来,常以寡陋自愧。②

对于这种情况,《童蒙训》《伊洛渊源录》等史籍中也有着比较类似的记述:

> 公(范纯仁)尝论颜子之不迁不贰,唯伯淳有之。
> 子(应为"予")问公(范纯仁)曰:"伯淳谁也?"
> 公(范纯仁)默然久之,曰:"公不知有程伯淳耶?"
> 予(陈瓘)谢曰:"生长东南,实未知也。"③

根据这些记载看来,陈瓘应该是在元丰八年(1085)开始闻听程颢之名,并在此后开始接触二程洛学,"自是以来,常以寡陋自愧……予之内讼改过,赖其一言"。此后,在私淑二程洛学的过程中,陈瓘也多受到二程高徒杨时的影响:"兄孙[侄]渐(按:陈渊初名)就学其(杨时)门,时予在合浦,始获通

---

① 《邵氏闻见后录》卷6,第45页。
② 《宋元学案》卷35《陈邹诸儒学案·忠肃陈了斋先生瓘·忠肃文集》,第1211页。
③ 《吕本中全集·童蒙训》卷下,第1006页;《宋文鉴》卷127《责沈文贻知默侄》,第1783页。

问。"①陈瓘对二程洛学的研习之所以会出现这种结果,除了地域之隔等客观因素所造成的阻碍、限制外,也应与此时二程洛学尚处于形成和发展的早期阶段,其社会影响并非十分广泛等因素有着一定的关系。总体来讲,陈瓘私淑二程洛学经历了一个由最初不知、不闻到闻而笃心向学的重要转变过程,"自是每得明道之文,必冠带而后读之,后因作《责沈文》以遗知默侄"②。

陈瓘与邹浩二人除了同为洛学私淑弟子这一层关系外,相互之间也是交往甚笃,且在北宋政坛发展中彼此支持。尤其是反映到弹劾章惇、蔡京等许多重大事件中,陈瓘、邹浩之间的相互配合、支持都有着突出体现。对于陈、邹二人在北宋政坛中为政风格、政治遭遇等方面的异同,陈渊也曾给予事后的追论,指出"了斋刚正而不容奸,道乡清介而不受污……方二蔡无恙时,士之欲谋其身而免于咎者,必先瑕疵此两人乃能得志。是时公论不行于朝廷之上,而此两人者窜逐流落,皇皇无归,以至于死。然两人者身可废,家可破,而天下谓之'邹陈'"③。陈渊的此种评论虽然对陈瓘、邹浩的政治影响力不无夸张的成分,但对二人从政特点的不同和相互之间深厚友谊的评价还是比较客观的。不仅如此,对于陈、邹二人之间的这种密切交往,陈渊甚至声称"而叔祖〔父〕(陈瓘)之深契,则惟执事一人而已"④,由此也足见二人情谊非同一般。

另外,正如前面所述,在陈瓘的学术发展过程中,其入仕之前以及入仕初期对王安石新学无疑是颇为推崇、服膺的。依照《宋史·陈瓘传》所载,陈瓘"少好读书,不喜为进取学。父母勉以门户事,乃应举,一出中甲科"⑤。对此,如前所述,陈瓘本人于《四明尊尧集》中亦有说明:"当是之时……凡安石

---

① 《宋文鉴》卷127《责沈文贻知默侄》,第1783页;《宋陈忠肃公言行录》卷5《责沈文》。
② 《宋陈忠肃公言行录》卷1《年谱》。
③ 《默堂集》卷22《书杨补之所藏了斋及道乡帖》,史1139-532。
④ 《默堂集》卷15《上邹侍郎》,史1139-425。
⑤ 《宋史》卷345《陈瓘传》,第10961页。

之身教,王雱之口学,臣皆以为是也。"①应当看到,元丰时期新学作为科举取士的官学、处于独尊地位的显学而客观存在,这一大的社会思想文化背景,无疑应是陈瓘从学于新学的关键所在。而从陈瓘自身来讲,他在此时对荆公新学应该也是颇为仰慕和折服的。而对于陈瓘的这一从学经历,《宋史·陈瓘传》以及《宋元学案》等史料中往往都是采取一种刻意隐晦、避而不谈的方式加以掩饰。除却陈瓘自己的说明、解释之外,对于他在这一时期对王安石新学的极度推崇,朱熹也曾有着"当时王氏学盛行,熏炙得甚广。一时名流如江民表、彭器资、邹道乡、陈了翁,皆被熏染,大片说去"②一类的评论。因此,从这一层面来讲,如将陈瓘视作王安石的私淑弟子,应该是没有多大问题的。

第二节　陈瓘的学术交游

陈瓘与邹浩、杨时、游酢互为学术上的"讲友",互相唱和。尤其是在陈、杨二人之间,学术思想上的交流、相互支持更为密切。陈瓘对于杨时的学术尤为钦佩,"至大观以后,(杨)时名望益重,陈瓘、邹浩皆以师礼事(杨)时"③,"于龟山在师友之间"④。在吕本中为杨时所撰行状中,也指出"自崇宁、大观以后,先生(杨时)名望益重。陈公瓘、邹公浩皆以师礼事先生,而胡公安国诸人实传其学,圣人之道为不坠也"⑤,大致阐明了杨时与陈瓘、邹浩、胡安国等人之间在两宋之际东南地区理学传播中的师承关系。从这些记载不难看出,较之他人,陈瓘、杨时之间的密切交往更是非同一般,属于一种比较典型

---

① 《四明尊尧集》卷8《处己门》,史 279-744。
② 《朱子语类》卷 97《程子之书三》,《新订朱子全书(附外编)》第 18 册,上海:上海古籍出版社,2022 年,第 3527 页。
③ 《宋史全文》卷 16 上,建炎元年八月壬申,第 1061 页。
④ 《闽中理学渊源录》卷 7《忠肃陈莹中先生瓘学派》。
⑤ 《杨时集》附录二《行状·杨龟山先生行状》,第 1151 页。

的"亦师亦友"关系。至于游酢,他与陈瓘父子的交往都比较密切,"建安游先生从伊川游,在谢上蔡、杨龟山之间,宜其与了翁父子相厚也"①。陈瓘去世后,游酢在其所作《祭陈了翁文》一文中对陈瓘给予了高度肯定,称赞其"知事道而已,不知鼎镬之临其颠也;知殉国而已,不知蹈穿之横其前也。阽之白首而气愈和,蹙之死地而志愈坚,处约弥久……平生拯饥任重一身,吾知其为稷行道之人,闻者心恻意者"②。

李纲的父亲李夔,也为陈瓘的挚友之一。关于这一点,李纲在其所撰《书陈莹中书简集卷》《卫国公母吴氏韩国夫人》等文中多有相应记载:"故赠谏议大夫陈公,与先公太师同年登科,相好之情如兄弟"③;"父(李夔)友故赠谏议大夫了斋陈公瓘识公(李纲)于幼时,每谓人曰:'李公有子'"④。由此可见李夔、陈瓘二人之间交往密切、友情深厚。而在张栻《跋了翁与丞相陇西公书》一文中,也称:"丞相陇西公宣和元年六月论都城水事,自左史谪官沙县。此谏议陈公所寄书也……谏议于丞相为丈人行,今观书辞,所以相与盖甚笃。前辈忧时之念深,故于人才拳拳如此,敛衽三复,敬叹何穷!"⑤由此可知,陈瓘不仅与李夔友情深厚,与李纲之间也交往甚密。自李纲的角度来讲,他也是多以"丈人行"之礼尊待陈瓘。在陈瓘去世后,李纲在其所撰《祭陈莹中左司文》中称:

> 其(陈瓘)在言责,抗章论辨,不可胜纪,而言之最著者,有先知独见之明;其在谴逐,险阻艰难,无不备尝,而心不少懈者,惟爱君忧国之

---

① 楼钥;顾大朋点校:《楼钥集》卷72《题跋·跋从子深所藏书画·游御史酢》,杭州:浙江古籍出版社,2010年,第1284页。
② 游酢:《游廌山集》卷4《祭陈了翁文》,影印文渊阁四库全书,台北:台湾商务印书馆,1986年,集1121-701。
③ 李纲撰;王瑞明点校:《李纲全集》卷163《题跋下·书陈莹中书简集卷》,长沙:岳麓社,2004年,第1507页。
④ 《李纲全集》附录二《李纲行状上》,第1696页。
⑤ 张栻著;杨世文点校:《张栻集》卷35《跋了翁与丞相陇西公书》,北京:中华书局,2015年,第1300页。

诚……惟公胸中素所蕴蓄,虽设施之未曾,然推原其心,夷考其行,合海内之公言,古之所谓"自任天下之重,特立独行而不顾"者,谅非公而谁称?……公与先子(按:此指其亡父李夔)平生故人,金石之交,情均天伦。我初识公,浙江之滨。忘德与齿,襟期自亲。迨谪沙阳,遗问殷勤。许与之厚,铭心书绅。我归自南,遽遭悯凶,孤苦杜门。公亦北徙,一水相望,慰诲谆谆。何翰墨之未干,而死生之永分。①

在此,李纲对陈瓘担任言官期间的相关事迹、被贬二十多年的坎坷遭遇和父子二人与陈瓘的密切交往等给予了概括性说明,并对陈瓘予以"自任天下之重,特立独行而不顾"的高度肯定,同时也对陈瓘的去世深表哀痛。

再次,陈瓘与唐广仁(字充之)二人之间也是私交匪浅,在学术上互相呼应。据史书记载,"唐充之,贤者也,深为陈(瓘)、邹(浩)二公所知"②,"陈莹中、邹志完诸公深喜之"③。在唐广仁于宣和元年(1119)五月去世后,其子唐激等人曾专门遣人携带吕本中为唐广仁所撰行状,自宝应至南康请求陈瓘为其父撰写墓志铭,"以吕本中所状(唐)充之之行求铭于(陈)瓘"④。同时,陈瓘、唐广仁二人又同为司马光的私淑弟子,在学术思想上自然颇有相通之处。据此来看,《宋元学案》将二人归于"同调"也是不无道理的。

此外,刘定国在元祐五年(1090)去世后,当时担任谏议大夫的陈瓘曾为他撰写墓志铭:"谏议大夫陈公瓘志其墓""有陈公(陈瓘)之碑以纪其平生"⑤。据此来看二人很可能也是好友关系。另据张守所作《跋了翁乞铭帖》所载,陈瓘与他日常中也多有书信往来:"窃观夫请铭之书词情曲折,详密恳

---

① 《李纲全集》卷165《祭文·祭陈莹中左司文》,第1520页。
② 《宋元学案》卷35《陈邹诸儒学案·陈邹同调》,第1221页。
③ 《吕本中全集·师友杂志》,第1083页。
④ 《宋陈忠肃公言行录》卷6《唐充之墓志铭》。
⑤ 张守撰;刘云军点校:《毘陵集》卷14《宋故赠太子少师刘公神道碑》,上海:上海古籍出版社,2018年,第194-195页。

到如此,其谁敢辞铭?字画精劲萧散,有《兰亭》典刑,自应宝藏以传不朽,当不独以名节之重,文词之工也。"①由此可知二人之间的交往比较密切。陈瓘在被贬至台州期间,"时未有郡守,通判朱兴宗摄郡事。朱与公有先世之契,观望特甚"②。由这种记载来看,陈瓘不仅与朱兴宗的父辈交情匪浅,他与朱兴宗之间也应有着较为深厚的友情。

因学术趣旨、政治立场颇为相近等缘故,陈瓘友人颇丰。如陈瓘与陈师锡之间,在政治上也颇能保持一致,二人均敢于抗颜直谏。尤其是在宋徽宗朝,在弹击蔡卞、蔡京等重大事件上,陈瓘、陈师锡"同论二蔡,时号'二陈'"③。在陈瓘被贬后,陈师锡仍与其多有书信往来,指出:"吾友方迁谪,然居善地,不足忧恼。师锡缘编排旧疏,早晚必有行遣,决无轻恕之理,相见无期,万万自爱!"④"以才气自负,少肯降志于人"、对其舅父黄庭坚也"不免有所切议"的徐俯(字师川),对陈瓘则极为尊崇,"至于了翁,心诚服之。每见公或经旬月,必设拜礼"⑤,可见徐、陈二人之间交往匪浅。在陈瓘于大观年间贬居鄞县期间,鄞县人林暐"独厚之,虽其徙谪他所,问遗常不绝"⑥。而在陈瓘贬居台州期间,他与徐中行也逐渐成为挚友,二人"闻名纳交"。陈瓘去世后,徐中行还曾专门对陈瓘的相关事迹加以记录,"暨其没,录其行事,谓与山阳徐积齐名,呼为八行先生"⑦。又如廖邃明,在陈瓘南迁途经全州时,"州郡待之甚严,无敢近者,(廖)邃明独于逆旅中相问劳如故旧"。而在陈瓘北归期间,龙图阁学士折彦质也被贬往岭南,"道遇之,问以南中相识,了翁

---

① 《毘陵集》卷11《跋了翁乞铭帖》,第161页。
② 《〈长编纪事本末〉点校》卷129《陈瓘贬逐》,第1434-1435页。
③ 王鏊:《姑苏志》卷39《宦迹三》,影印文渊阁四库全书,台北:台湾商务印书馆,1986年,史493-703。
④ 《宋文鉴》卷120《与陈莹中书》,第1673页。
⑤ 《自警编》卷6《事君类上·德望》,子875-332;《宋名臣言行录》后集卷13《陈瓘忠肃公》,《新订朱子全书(附外编)》第13册,第448页。
⑥ 罗浚:《宝庆四明志》卷8《郡志八·叙人上·林暐》,影印文渊阁四库全书,台北:台湾商务印书馆,1986年,史487-124。
⑦ 《宋史》卷459《隐逸下》,第13458页。

以(廖)遂明对。折谒湘山,邂逅与语甚悦,欲与之俱,(廖)遂明慨然从之"①。在当时严峻的政治形势下,廖遂明不畏蔡京等人的权势而敢于对身为贬臣的陈瓘、折彦质给予诸多照顾,这种做法也是很需要一番勇气的。而当蔡京、蔡嶷等人欲借究治陈正汇之狱而大做文章、进一步加重对陈瓘的迫害时,他人曾劝陈禾避免惹火上身。对此,陈禾则直言"岂可以死易不义耶?愿得分贤者罪"②,结果最终因受陈瓘党籍之祸的牵连而被停官。陈佖与陈瓘交情甚厚,"与陈了翁交从甚密,了翁谪廉州,(陈)佖以书贺之,至千余言,由此得罪"③。由此看来,除却原有的一些学术老友外,陈瓘在贬途中所经之地也是多结挚友。关于这一方面,《自警编》中即有着如下相应记载:

> 陈瓘迁责以来,杜门不治人事,绝迹州郡宴会几三十年。所至人情向慕,虽田夫野老咸知名愿见。及自天台归通川〔州〕,道由会稽。时王丰甫仲楚为越帅,以公早为岐公所器重,具舟楫为礼候公于郊,因共载归府舍。越人闻公赴会,竞来观瞻,比肩舆归馆,道路遮拥,几不可行。为人钦重如此。④

这一记载虽有一定的夸张成分,但陈瓘的影响力从中也可见一斑。另如永嘉人吴表臣,他在大观三年(1109)进士及第后曾任通州司理参军。在此期间,适值陈瓘被贬居通州,"一见而器之"⑤,二人一见如故,自此成为好友。

---

① 《宋史翼》卷36《廖遂明传》,第947页。
② 《宋史》卷363《陈禾传》,第11350页。
③ 《闽中理学渊源考》卷2《文肃游广平先生酢学派·进士陈复之先生佖》,第21页;另见于龚明之撰;孙菊园校点:《中吴纪闻》卷5《唯室先生》,上海:上海古籍出版社,1986年,第103页。
④ 《自警编》卷6《事君类上·德望》,子875-332。
⑤ 《宋史》卷381《吴表臣传》,第11731页。

另外,陈瓘和他的同乡邓谷等人的交往也比较密切。关于陈瓘与邓谷之间的交往,李纲在宣和二年(1120)二月所作的《书邓南夫祭文后》中即曾谈道:"予来沙阳,时南夫(邓谷)已死,不及识;识其子(邓)肃俊,美而力学,有以见南夫之义方。及观了翁祭文、右文罗公之跋尾,乃知二公平昔皆与南夫游从厚善,其所称道不妄,又有以得其行己之大概。"①由此可知陈瓘、邓谷二人之间交往颇为密切。不仅如此,陈瓘与邓谷之子邓肃也是忘年之交,彼此之间的往来比较密切。在陈瓘去世后,邓肃也专门撰写《奉安陈谏议祭文》等文以示对陈瓘的缅怀②。另如杨时的《跋了翁祭邓南夫文》一文,也可为我们透露出有关陈瓘、邓谷日常交往的一些相关信息。杨时在该文中即谈及:"余闻南夫平居,家人不见其喜怒。一日,因事怒甚,已而悔之,自恨其养之未至也。充是心以往,可谓知好学矣。了翁友之,其厚如此,不问可知其贤。"③由此也足见陈、邓二人的友情颇为深厚。而据陈渊《默堂集》记载,陈瓘的同乡、邓谷的五世祖邓功曹在江州德安县为吏期间,"会曹翰屠江州,县吏例以功曹系狱,功曹忧悸默祷,时天旱获雨雪之应,已而杻械自脱"。之后,邓功曹"尝于所供观音地藏画像亲记其事甚详"。政和七年(1117),邓谷曾专门致书陈瓘,向他求证邓功曹的这些事迹,"叔祖右司(陈瓘)客居益浦,(邓)谷叙述本末,寓书叔祖求证其事"④。透过这一记载可知,陈瓘不仅与邓谷交往密切,且对邓谷先祖的部分经历也有较多了解。

陈瓘的另一同乡张驾,其入仕稍早于陈瓘,二人之间的交往和政治上的相互支持也比较突出。当陈瓘在宋徽宗朝因弹劾蔡京、蔡卞兄弟而被贬至岭南之际,在"方京、卞用事之时,虽亲戚故旧皆讳言其(陈瓘)名"这种情形

---

① 《李纲全集》卷162《题跋中·书邓南夫祭文后》,第1490页。
② 《栟榈集》卷22《祭文·奉安陈谏议祭文》,集1133-366、集1133-367。
③ 《杨时集》卷26《题跋·跋了翁祭邓南夫文》,第715页。
④ 《默堂集》卷22《题了斋所书邓功曹事》,史1139-535。

下,张驾却敢于不顾个人安危而保持与陈瓘之间的密切往来,"公独附置邮,通问不绝。人皆为公危之,而公自若也"①。在陈瓘去世后,向子諲也曾尽力帮助其家属料理后事,"陈公瓘、黄公庭坚以贬死,皆往会其葬,竭力资助焉"②。可见,在当时政治斗争颇为严峻的局势下,张贺、向子諲等人并没有因顾及自身安危而疏远陈瓘及其家人,他们的这种无畏举动也彰显出与陈瓘朋友之谊的深厚。

陈瓘的族人陈瑊(字伯瑜),史籍中对其记载较少,但在《默堂集》中却有陈渊为其所撰《陈伯瑜宣义行状》。依据陈渊的这种记载,可知陈瑊早年"遍历通都大邑,从良师友以学。学且成,其施于科举若有余矣,然每出辄不利,中年益奇蹇,遂弃而家居,往来田野间,若无意于斯世者"③,即在多次参加科举考试无果后转为潜心教育其子,后大约在政和四年(1114)去世。在陈瑊去世后,当时身在贬地九江的陈瓘曾为其撰写墓志铭④。通过这些记载可以推知,陈瓘与陈瑊、陈渊与陈瑊的后人应交往比较密切,而陈瑊的墓志铭、行状则为其后人分别邀请陈瓘、陈渊所作。至于陈瓘、陈瑊之间是否存在师承关系,则因相关史籍记载的缺失已无法得知。

此外,福建侯官人王苹为程门高徒之一,《中吴纪闻》载其"政和元年卒,葬吴县横山桃花坞。志其墓者江公望,书其志者陈瓘也"⑤,据此可以推知陈瓘与王苹也应属挚友关系。福建安溪人张读,"所交皆天下士,始与陈莹中友善……"⑥李之仪(1048—1127)曾在其《跋陈伯修帖》一文中称:"吾友陈瓘莹中尝谓予曰:'行己有耻,不懈于位,建安陈师锡伯修异日当近之。'"⑦据此

---

① 《杨时集》卷37《志铭表碣八·张安时墓志铭》,第907页。
② 胡宏著;吴仁华点校:《胡宏集》杂文《向侍郎行状》,北京:中华书局,1987年,第180页。
③ 《默堂集》卷21《陈伯瑜宣义行状》,史1139-516。
④ 《宋陈忠肃公言行录》卷1《年谱》。关于陈瓘为陈瑊撰写墓志一事,另可参阅杨高凡《陈瓘年谱》中一文的相关考订。
⑤ 《中吴纪闻》卷4《著作王先生》,第101页。
⑥ 《闽中理学渊源考》卷7《忠肃陈莹中先生瓘学派·直讲张圣行先生读》,第114页。
⑦ 李之仪:《姑溪居士前集》卷41《题跋·跋陈伯修帖》,影印文渊阁四库全书,台北:台湾商务印书馆,1986年,集1120-587。

可知陈瓘、李之仪也属好友关系。北宋末期,蔡君济与陈瓘也多有交游,"其所往来,皆一时贤士大夫,而邹志完、陈莹中、杨中立、周恭叔尤所钦爱,皆许以有为于世。邹、陈久于谪籍,(蔡)君济从之,不远千里"①。

在陈瓘被贬期间,"喜延知名士"的芜湖富家韦许(字深道)也曾对其提供诸多帮助,"每岁馈饷不下千缗"。在当时"今人才见迁谪者,便以为惧"②的政治环境下,韦许敢于如此挺身而出鼎力资助陈瓘,可见二人之间的交往是比较深厚的。而对于韦许的这种勇气,杨时在其所撰《跋了翁与韦深道书》中也是大加赞赏,称"(韦)深道乃眷然念之,非声气相求,神交于万里之外,宁有是夫?了翁天下士也,世以其言为轻重,而相与如此"③。

综上所述,可见陈瓘的学术交游范围颇为广泛④。陈瓘与他的这些学术好友之间的交往,有些是基于同乡关系逐渐发展而来,而更主要的还是由于彼此之间学术趣旨、政治立场的一致。陈瓘与诸多学术好友也多有学术、政治上的相互支持。即使在他不断遭受政治打击、辗转于多处贬地的过程中,仍能获得来自其学术好友的多方帮助。

第三节　陈瓘的学术传人

关于陈瓘的学术传人,《宋元学案》中也有着较为清晰的记载。综合来看,被明确收录于《宋元学案》中的陈瓘传人,除其家学长子陈正汇、侄陈渊

---

① 许景衡:《横塘集》卷19《墓志铭·蔡君济墓志铭》,影印文渊阁四库全书,台北:台湾商务印书馆,1986年,集 1127-343。
② 《朱子语类》卷 138《杂类》,《新订朱子全书(附外编)》第 19 册,第 4566 页。
③ 《杨时集》卷 26《题跋·跋了翁与韦深道书》,第 700 页。
④ 有关陈瓘的交游这一问题,如杨高凡《陈瓘年谱》一文,对陈瓘交往的友人有所涉及(参见该文第 379-404 页,《宋史研究论丛》2020 年第一辑);陈亚玲《陈瓘与〈四明尊尧集〉研究》一文,在其第一章第三节"陈瓘交游考"部分,也对陈瓘与师友后进、旧党和新党成员的交往给予了较好探讨(参见该文第 37-53 页,华东师范大学 2021 年硕士学位论文)。

之外,尚有吕本中、曾恬、詹勉、廖刚、林宋卿、李郁、蒋璇、蒋琉、张琪等人:

> 文清吕东莱先生本中。
>
> 舍人曾先生恬。
>
> 监场詹先生勉。
>
> 尚书廖高峰先生刚。
>
> 知州林先生宋卿。
>
> 机宜李西山先生郁。
>
> 中奉蒋先生璇。
>
> 宣奉蒋先生琉。
>
> 蒋璇、蒋琉兄弟,赠金紫光禄大夫浚明之子,忠肃弟子也。
>
> ……①

此外,陈瓘的弟子张琪,在其为官卫州等期间也多蒙陈瓘的礼待和教诲,"礼遇独异众人……陈公异待之者,欲以坚其节,而先生终能自守"②。

当然,以上这些只是陈瓘传人中的主体部分,其他未被《宋元学案》收录的也不在少数。例如黄沇,他就曾投师于陈瓘门下求学,"鹿溪生黄沇,钦人也。从学陈莹中、黄鲁直,文字固不凡"③;另如曹子方,他曾在宋徽宗年间由于议论时政而遭到朝廷的贬黜,到靖康初年才得以还朝,据史籍记载,他也曾经"游了翁之门"④,故此也属于陈瓘的弟子;据《闽中理学渊源考》记载,林之奇"学于紫薇吕公本中……复造刘安世、陈瓘之门请益"⑤,故而林之奇也

---

① 《宋元学案》卷35《陈邹诸儒学案·了翁门人》,第1224-1225页。
② 《宋元学案》卷35《陈邹诸儒学案·了翁门人·州佐张先生琪》,第1225-1226页。
③ 《铁围山丛谈》卷4,第57页。另据《四库全书总目》记载,"(黄)沇从学于陈瓘、黄庭坚,其授受尚有渊源,而持论业已如此",此处"(黄)沇"应为"(黄)沇",见《四库全书总目》卷27《春秋经筌十六卷》,第224页。
④ 《楼钥集》卷72《题跋·跋从子深所藏书画·曹子方》,第1285页。
⑤ 《闽中理学渊源考》卷7《文昭林拙斋先生之奇学派》,第121页。

应归属为陈瓘的弟子;福建侯官县人陈长方,曾经"与游察院定夫、杨祭酒中立、邹正言志完、陈大谏莹中、许右丞少伊诸公游"①,由此可见他也属于陈瓘的弟子。此外,例如张元干,他也曾"从陈瓘游颇久,见所作《了翁文集序》"②,因此也为陈瓘的弟子。张元干对陈瓘颇为推崇,曾给予其诸如"立朝行已三十年间,坚忍对峙,略不退转,直与古人争衡"③之类的高度评价。另如陈慕(或作"陈篆"),他在宣和年间考取进士,曾在少年时期"从陈莹中、刘壮舆、苏养直游"④。

宋代时期,一人同时或先后投于多家师门之下的现象比较普遍,这在陈瓘的诸多弟子身上也有着典型体现。如据《宋元学案》记载,黄櫄"兼传龟山、了斋之学"⑤;李深之子李郁,"幼不好玩,坐立必庄。从舅氏陈忠肃公学,逾冠乃见龟山而请业焉"⑥,也是先后投师到陈瓘、杨时门下求学;另如林豢,他在求学期间曾经先后投师于刘安世、任伯雨、陈瓘等人门下,"后侨居真州,游刘安世、任伯雨、陈瓘门,所学益进"⑦,也是陈瓘的弟子之一;而据《建炎以来系年要录》记载,曾公亮之孙曾恬,在其年少时曾先后投师于杨时、谢良佐、刘安世、陈瓘等人门下,"少从杨龟山、谢上蔡、陈了翁、刘元城诸贤游,为存心养性之学"⑧。在绍兴年间秦桧专权的局势下,曾恬因被殿中侍御史余尧弼诬告"纵脱不检,自谓赵鼎门人,常怀怨望"⑨而在绍兴十七年(1147)

---

① 陈长方:《唯室集》卷5《附录·陈唯室先生行状》,影印文渊阁四库全书,台北:台湾商务印书馆,1986年,集1139-657。
② 《四库全书总目》卷158《芦川归来集五卷附录一卷》,第1359页。
③ 张元干:《芦川归来集》卷4,《七言绝句·上平江陈侍郎十绝(并序)》,影印文渊阁四库全书,台北:台湾商务印书馆,1986年,集1136-611、集1136-612。
④ 谢旻等监修:《江西通志》卷91《人物二十六·陈慕(一作篆)》,影印文渊阁四库全书,台北:台湾商务印书馆,1986年,史516-96;《宋元学案补遗》卷35《陈邹诸儒学案补遗·了翁门人·州倅陈星湾先生慕》,第2097页。
⑤ 《宋元学案》卷36《紫微门人·宣教黄先生櫄》,第1249页。
⑥ 《闽中理学渊源考》卷6《李西山先生郁学派·删定李西山先生郁》,第108页。
⑦ 《宋史翼》卷36《林豢传》,第956页。
⑧ 《闽中理学渊源考》卷31《温陵曾氏家世学派·宗丞曾天隐先生恬》,第418页。
⑨ 《建炎以来系年要录》卷156,绍兴十七年十一月丁丑,第2973页。

十一月被罢官。此外，像陈渊、吕本中等人，除了向陈瓘求学外，也都存在着投于多家师门之下的情形。比如吕本中，《宋元学案》中即对他投师于多家师门的情形有着明确记载："大东莱先生（吕本中）为荥阳冢嫡，其不名一师，亦家风也。自元祐后诸名宿，如元城（刘安世）、龟山（杨时）、廌山（游酢）、了翁（陈瓘）、和靖（尹焞）以及王信伯（王苹）之徒，皆尝从游，多识前言往行以畜其德。"①

在陈瓘众多弟子中，相对而言尤以陈渊、吕本中、廖刚等人的学术成就更为突出。以陈渊为例，他自少年时代即追随在陈瓘左右，因此较之他人可谓更得陈瓘的言传身教。他前后"闻家学十有八岁"②并深得陈瓘的赏识，"器重特甚"③。之后，到建中靖国元年（1101）时，陈渊又投师于杨时门下，并逐渐成为杨时的高足。在陈瓘、杨时二人的诸多传人中，"凡出入于两公之门者，盖莫如（陈）渊之久也"④。至于廖刚，他与陈瓘同为南剑州人，年少时即投师到陈瓘、杨时门下，"少从陈瓘、杨时学"。在崇宁年间陈瓘等人接连弹劾蔡京的过程中，廖刚也参与其间而一道极论蔡京，"论奏无所避"⑤，稍后则辞官归隐乡里。又如林宋卿，《闽中理学渊源考》中也记载他与廖刚曾一起求学于陈瓘，"宋卿言下领悟为多"⑥。

在陈瓘不断被贬的过程中，也多有慕名者不惧当时的严峻政治形势而投师于他的门下，见诸史籍记载的即有萧建功等人。在陈瓘因极论蔡京而被贬窜岭南，多年后才得以北归后，"天下皆知其忠，而不敢顾恤其家，（萧）建功独往师焉。（陈）瓘奇之，遂妻以（陈）正汇之女"⑦。在投师于陈瓘门下

---

① 《宋元学案》卷首《宋元儒学案序录》，第7页。
② 《宋陈忠肃公言行录》卷1《年谱》。另外，《宋陈忠肃公言行录》卷3《默堂公行实》中则记载称，"（陈）渊于书无所不读，自少即为忠肃公所知。常侍左右逾三十年，忠言谠论得之为多"。
③ 《宋史》卷376《陈渊传》，第11629页。
④ 《默堂集》卷18《与胡少汲尚书》，史1139-472、史1139-473。
⑤ 《宋史》卷374《廖刚传》，第11590页。
⑥ 《闽中理学渊源考》卷1《文靖杨龟山先生时学派·朝请林朝彦先生宋卿》，第14页。
⑦ 《默堂集》卷12《代江西帅李丞相荐萧茂德奏状》，史1139-378。

后,萧建功也深为陈瓘所器重,"尝从陈了翁瓘游,瓘器重之"①。而从另一方面来看,陈瓘的弟子也多有因受其牵连而遭到宋廷的打击、贬斥的。如据《闽中理学渊源考》记载,陈葵在宋徽宗朝时曾"授乐清尉,再调建州,以陈瓘门人复为(蔡)京党劾罢"②。

上述对陈瓘传人的梳理,仅仅涉及其众多弟子的主体部分,在此之外的传人也应为数不少。正因如此,《宋元学案》中所称"了翁弟子遍东南"③,应该说是比较符合实情的,并非夸张。陈瓘的这些弟子,其中许多人也同时投于杨时门下,尤其是在陈瓘去世后"多归龟山之门"④,"了斋兼私淑涑水、康节,学徒最盛,建炎后多归龟山"⑤。因此,不论是陈瓘本人,还是他的诸多弟子,在学术传承方面都与杨时之间存在着密切的师承关系。

---

① 《江西通志》卷73《人物八·萧建功》,史515-522。
② 《闽中理学渊源考》卷7《忠肃陈莹中先生瓘学派·教授陈伯向先生葵》,第114页。
③ 《宋元学案》卷35《陈邹诸儒学案·清敏门人·忠肃陈了斋先生瓘》,第1208页。
④ 《宋元学案》卷35《陈邹诸儒学案·清敏门人·忠肃陈了斋先生瓘》,第1208页。
⑤ 《宋元学案》卷首《宋元儒学案序录》,第7页。

第六章 宋代以来官方、士大夫对陈瓘的追褒和评价

随着宋代政治、学术环境的变化,陈瓘在去世之后也不断得到来自官方的褒奖和肯定。宋廷对陈瓘的身后追褒始于宋钦宗时期,到南宋时更是多有出现。直至元明时期,官方对陈瓘的祭祀活动仍是时有开展。而相对于官方对陈瓘的追褒、对陈瓘后人的种种奖赏,宋代以来民间尤其是沙县当地也多有祭祀陈瓘的活动。此外,宋代以来不同时期的众多士大夫也先后对陈瓘给予较高的评价和赞誉,其中尤其以杨时、朱熹最具代表性,这也对陈瓘身后影响的扩大发挥了重要作用。宋代以来官方、民间对陈瓘的评判、褒奖,合力推动了陈瓘身后地位、影响的提升。

第一节 宋代以来官方对陈瓘的追褒和评判

陈瓘生前在其仕途中接连被贬,在其身后却逐渐获得了来自宋廷的诸多追褒。这种官方对陈瓘的身后追赏,最早始于宋钦宗时期,到南宋时则更为突出。如靖康元年(1126)三月,宋廷即采纳朝臣的建议而下令"陈瓘特赠谏议大夫,仍与四子恩泽"[①],以此对陈瓘进行追赐,同时也对陈瓘四子分别给予相应的官职赏赐。值得注意的是,这种举措的出台不仅仅是宋廷对陈瓘的追赏和对其诸子的赏赐,同时在某种程度上也昭示着对宋徽宗朝执政

---

① 《宋陈忠肃公言行录》卷1《钦宗赠瓘谏议大夫制》。

政策一定的纠正、否定。而在此期间,陈瓘之子陈正汇也获得宋廷的赦免,被下令自流放地沙门岛重新返回朝廷,"召官正汇"①。值此之际,陈正汇因"(陈)瓘已下世。痛不及见,遂得心疾,上殿已不能对,赐以名方,犹传于世"。宋廷在靖康年间对陈瓘的这种追赏、对陈正汇等人的赦免和赐官,也代表着官方对陈瓘及其后人在宋徽宗时期所遭受种种贬谪的一种纠正和补偿。同时,更主要的则是标志着宋钦宗时期的执政政策较之此前开始发生较大的变化和调整。宋钦宗于靖康元年(1126)三月所颁布的追赠陈瓘谏议大夫制书中即称:

> 臣僚上言:审取舍以辩是非,行赏罚以明好恶,明主之先务也。切见蔡京于元符、建中之际,包藏既深,罪恶未显,有识之士虽知其必乱天下,而嗜进妄佞之徒亦且倚以为宗主。故右司员外郎陈瓘尝为谏官,独能推测其用心,而披露其奸状于未萌之前,详言极论,明若蓍龟,至于今日无一不效,故京尤畏忌之,比一时言事之官得祸为最酷。诸人既得自便,而瓘独再贬,指定居住州郡,流离羁穷,终以废老。忠义之士至今悲之,语及瓘者未尝不为之流涕也。窃考前代以忠直忤犯权幸,至于公议获伸之时,虽已死亡未有不褒崇爵秩而录用其子孙者也。伏望圣慈悯瓘赍恨没地,不及目睹圣明,优加追赠,及官其子孙,以为忠义之劝,增士习以厚民风,实天下幸甚!②

从该制书的内容可以看出,宋廷至此一方面是对陈瓘在元符及宋徽宗年间敢于对蔡京的罪恶加以揭露给予高度肯定,另一方面也对他因此而在之后所遭受的多重贬谪予以同情。需要注意的是,这一制书中也是将陈瓘的坎坷遭遇全部归罪于蔡京等权臣。

---

① 《宋史》卷345《陈瓘传》,第10964页。
② 《宋陈忠肃公言行录》卷1《钦宗赠瓘谏议大夫制》。

到南宋时期,宋廷对陈瓘的追赏、对其后人的各种赏赐也是时有出现、较为突出。如宋高宗时期,沙县的部分耆老、士大夫于建炎四年(1130)向朝廷奏请供奉陈瓘即获得批准,于是"卜地于县治西一里许建立祠堂,以奉公祀。自是每岁春秋二仲,有司以牲帛醴斋祭于祠下"①。之后,延平太守周绾于绍兴三年(1133)五月时"建谏议了斋祠于府学之西,岁时从祀"②。而到绍兴六年(1136),给事中张致远在其上奏中指出:"(陈)瓘名节之重,乡人所慕,相率于州县学各建祠堂。望依福州陈襄等例,遇春秋祭奠,就祭于祠堂,以激后进,永为〔忠〕荩之劝。"针对张致远的这一建议,宋廷在该年三月即诏令"右司员外郎、右谏议大夫陈瓘祠,令南剑州春秋致祭"③,"春秋释奠,就祭陈瓘祠堂"④。绍兴八年(1138)八月,宋廷又下令对右承事郎陈渊予以褒奖,"学术通,达国体,特赐同进士出身"⑤。宋廷对陈渊的赏赐,无疑也与当时朝廷追褒陈瓘这一基调密切相关。到绍兴二十六年(1156)八月时,宋廷又在其所颁《高宗谥陈瓘忠肃制》中指出:

> 绍兴二十六年八月十三日,敕中书门下省、尚书关礼部状,准绍兴二十六年六月二十四日三省同奉圣旨。陈瓘昔为谏官,议论忠谠,所言皆验于后。及所著《四明尊尧集》,指定《王安石日录》之过,深明君臣之分,殊可叹嘉,可特赐谥,令有司议定以闻。本部寻行太常寺施行去,后据本寺申,本寺今欲拟谥曰"忠肃":虑国忘家曰"忠",刚德克成曰"肃"。伏乞省部更赐详酌施行。本部今欲依太常寺拟到事理施行,伏乞。⑥

---

① 《宋陈忠肃公言行录》卷1《年谱》。
② 《宋陈忠肃公言行录》卷1《年谱》。
③ 《宋会要》礼13之26,第741页。
④ 《宋史全文》卷19下《宋高宗九》,第1454页。
⑤ 《建炎以来系年要录》卷121,绍兴八年八月甲寅,第2260页。
⑥ 《宋陈忠肃公言行录》卷1《高宗谥陈瓘忠肃制》。

从宋廷此次对陈瓘追赐谥号"忠肃"一事来看,这也是对他在《四明尊尧集》中猛烈抨击《王安石日录》之事再次给予官方的充分肯定和褒奖。而在绍兴二十六年(1156)六月,宋高宗还曾向大臣明确指出:"近览(陈)瓘所著《尊尧集》,无非明君臣之大分,深有足嘉。《易》首《乾坤》,孔子作《系辞》亦首言天尊地卑,《春秋》之法无非尊王。王安石号通经术,而其言乃谓道隆德骏者天子当北面而问焉,背经悖理甚矣。(陈)瓘宜赐谥以表之。"随后,宋廷在该年七月"诏故赠右谏议大夫陈瓘特赐谥忠肃"①。从上述这些记载来看,宋高宗时期朝廷对陈瓘追褒,其中颇为重要的因素,就是对陈瓘《四明尊尧集》针对王安石及《王安石日录》批判严厉、所谓"明君臣之大分"的肯定,而这也恰恰是与南宋初期追论北宋亡国之责的政治需要密切相关的。而在此次宋廷对陈瓘的追赐中,陈瓘之孙、陈正汇之子陈大方也被擢升为郎官,"擢其(陈正汇)子大方为郎"②。

在宋高宗之后,南宋朝廷对陈瓘的各种追褒活动仍时有开展。如淳熙六年(1179),朱熹在知南康军期间,即曾主持修建濂溪祠、以二程配享,同时"别立五贤堂(陶靖节、刘西涧父子、李公泽、陈了翁)"③以供奉陈瓘等人。到嘉定三年(1210),延平太守在奏请宋廷批准后也专门创建了了斋书院④,以此作为对陈瓘的一种肯定和纪念。嘉熙三年(1239),沙县主簿兼签厅黄商楫向郡守马天骥奏请,每年春、秋二季举行对陈瓘的祭祀活动,这一建议也在被批准后而得以实施。同时,沙县当地对陈瓘的这种祭祀活动也得到了来自朝廷的支持,"复蒙颁降春秋祝文"⑤。由这些活动的不断出现可以看

---

① 《宋史全文》卷22下《宋高宗十七》,第1813页。另见《建炎以来系年要录》卷173,绍兴二十六年七月乙卯,第3317页;《宋史》卷345《陈瓘传》,第10964页。关于宋廷对陈瓘"赐谥忠肃"一事,《宋史全文》、《建炎以来系年要录》均载为绍兴二十六年七月,而《宋陈忠肃公言行录》卷1《高宗谥陈瓘忠肃制》则将此事系于绍兴二十六年八月,此从《宋史全文》《建炎以来系年要录》。
② 《楼钥集》卷67《题跋·恭题高宗赐陈正汇御札》,第1191页。
③ 《宋陈忠肃公言行录》卷1《年谱》。
④ 《宋陈忠肃公言行录》卷1《年谱》。
⑤ 《宋陈忠肃公言行录》卷1《年谱》。

出,在朝廷的积极支持和引领下,南宋时期官方对陈瓘的相关祭祀活动持续不断地开展。

宋代之后,官方或民间对陈瓘的追褒、祭祀活动仍有着相应的开展。如明代时期,沙县当地对陈瓘的相关祭祀、纪念活动仍时有开展。如洪武三十三年(1400),在沙县知县、累陛工部都给事中倪峻的主持下,当地官府即开展了对了斋书院的重建①。北宋靖康元年(1126)始建于沙县西约二里处的陈瓘祠堂,到明代时又经战乱破坏以致相当破败。针对这种情形,在沙县知县、累陛户部尚书张泰的主持下,于成化九年(1473)对陈瓘祠堂开展了重建,并在此后"每岁春秋二仲,以牲帛醴斋致祭于祠下,率以为常事"②。嘉靖十二年(1533),延平府添注推官、累陛礼部尚书、东阁大学士、华亭少湖徐阶"损俸重建祠堂"③。对于此次重修陈瓘祠堂的过程,徐阶在他所作《重建了斋先生祠堂记》中也有着相应的记载:"先生故有书院,在县西一里许,后因以祀先生及从子默堂先生,岁久甚圮,有司者未之能葺。某谋于教谕李邦光、训导林顺、石恺,将出月俸之赢稍修饬焉,而邦光等各请以其赀为助,则遂属典膳萧延、曾言卿撤而新之,以为今祠。"④而到嘉靖十三年(1534),明廷还下令"钦差提督学校、福建按察司提学副使、累陛吏部侍郎、婺源潘潢降春秋祭祀仪节"⑤。

第二节　杨时对陈瓘的评价

杨时(1053—1135),字中立,后世学者称之为龟山先生。就其生活时代

---

① 《宋陈忠肃公言行录》卷1《年谱》。
② 《宋陈忠肃公言行录》卷8《重建祠堂记》。
③ 《宋陈忠肃公言行录》卷1《年谱》。
④ 黄宗羲:《明文海》卷369《重建了斋先生祠堂记》,影印文渊阁四库全书,台北:台湾商务印书馆,1986年,集1457-292。
⑤ 《宋陈忠肃公言行录》卷1《年谱》。

而言,大致与陈瓘共处于同一历史时期。他最初也是倾心于王安石新学,"始宗安石",后投于程颢门下,继之又师从程颐,并成为程门高足。也正是由于这种学术师承上的前后重大转变,据杨时弟子陈渊所称,对于王氏荆公新学,杨时得以"乃悟其非"①,并渐次展开了对王安石变法、荆公新学等诸多方面的深入批判。他的这种批判,也是直接继承了二程的衣钵。从政治和学术角度来讲,杨时在陈瓘之后,于北宋末年也曾撰有《日录辨》《三经新义辨》《字说辨》等著作,展开了对王安石学术及政事的批判与鞭挞。杨时的这些作品,较之于陈瓘《四明尊尧集》面面俱到、博而不专的做法,则更注重在学术上对王安石加以批判。宋钦宗时期,杨时上疏中也极其鲜明地体现了这一点:

> 蔡京用事二十余年,蠹国害民,几危宗社,人所切齿,而论其罪者,莫知其所本也。盖京以继述神宗为名,实挟王安石以图身利,故推尊安石,加以王爵,配飨孔子庙庭。今日之祸,实安石有以启之。
> 谨按安石挟管、商之术,饰六艺以文奸言,变乱祖宗法度。当时司马光已言其为害当见于数十年之后,今日之事,若合符契。其著为邪说以涂学者耳目,而败坏其心术者,不可缕数。②

可以说,这一论断,基本上囊括了杨时批判王安石学术的要点,他认为蔡京蠹国害政的根源在于王安石之政、荆公新学,从而"从批判蔡京集团出发,把这一集团亡国之罪转嫁到王安石身上,把对蔡京集团的批判转变为对王安石的批判,又把王安石政事之非归之于学术之谬"③,直接将王安石新学置于引发靖康之难祸源的审判席上。客观来讲,杨时的这种"追根溯源"也是颇

---

① 《宋史》卷376《陈渊传》,第11630页。
② 《宋史》卷428《杨时传》,第12741页。
③ 高纪春:《宋高宗朝初年的王安石批判与洛学之兴》,《中州学刊》1996年第1期。

为牵强和荒谬的。而杨时之所以舍蔡京而攻王安石,这其中也是别有一番隐衷的。对此,清人蔡上翔在其《王荆公年谱考略》中即对此给予了相应的解释:

> 荆公之时,国家全盛。熙河之捷,扩地数千里。宋朝百年以来所未有者。南渡以后,元祐诸贤之子孙,及苏程之门人故吏,发奋于党禁之祸,以攻蔡京为未足,乃以败乱之由,推原于荆公,皆妄说也。其实徽钦之祸,由于蔡京;蔡京之用,由于温公。而龟山之进又由于蔡京。波澜相推,全与荆公无涉。至于龟山在徽宗时,不攻蔡京而攻荆公,则感京之恩,畏京之势,而欺荆公已死者为易与,故舍时政而追往事耳。①

从学术上讲,陈瓘、杨时之间除互为二程洛学的讲友这层关系外,在二人的学术交往活动中,"至大观以后,(杨)时名望益重,陈瓘、邹浩皆以师礼事(杨)时,而胡安国诸人实传其学"②,而且彼此之间也多有学术上的交流与探讨。由此不难看出,对于杨时的学术,陈瓘是极为推崇的。反之,从杨时的角度,他对陈瓘的人品、学术也是有着极高的赞誉与评价的。在杨时所著的《题了翁责沈》《跋公与韦深道书》等文中,杨时即明显表露出对陈瓘的钦慕,"了翁以盖世之才,迈往之气,包括宇宙,宜其自视无前矣"③,"了翁天下士也,世以其言为轻重,而相与如此。余虽未尝知(韦)深道,而信其贤也无疑矣"④,赞誉之情溢于言表。即使在陈瓘被贬期间,杨时与陈瓘也多有书信往来。如南宋楼钥在其《跋陈闻远所藏了翁龟山元城帖》中称,"杨龟山尝宰余杭,今赞府陈棠则了斋之曾孙也,出家,藏二公及元城先生手帖家问凡十二

---

① 蔡上翔:《王荆公年谱考略》卷24,北京:中华书局,1959年,第329页。
② 《建炎以来系年要录》卷8,建炎元年八月壬申,第228页。
③ 《杨时集》卷26《题跋·题了翁责沈》,第699页。
④ 《宋陈忠肃公言行录》卷7《跋公与韦深道书》。

纸"①，由此可见当时身处贬地的陈瓘仍与杨时、刘安世等人保持着较多的书信沟通。

建炎四年(1130)八月，供奉陈瓘的祠堂在福建沙县建成后，杨时在应沙县士人之邀而作的《沙县陈谏议祠堂记》中，认为"公之德业，足以泽世垂后，虽不用于时，而其流风余韵，犹足以立懦夫之志。盖天下士非一乡可得而擅也"②，对陈瓘给予极高的赞扬。而杨时在所作的《南剑州陈谏议祠堂记》中也指出：

> 熙宁更新法度，以经术造士。世儒妄以私智之凿，分文析字，而枝辞蔓说乱经矣。假六艺之文以济其申、商之术，一有戾已，则流放窜殛之刑随其后。虽世臣元老，概以四凶之罪目之，天下靡然无敢忤其意者。故佞谀成风，而正论熄矣，士气不振。积至于崇、宣，述其事而流毒滋甚焉。当是时，横流稽天，而莹中以身扞之，几灭顶而不悔。刚大之气，充塞宇宙。先知之明，为时蓍龟。非命世之才而能自拔于流俗者，未之有也。③

在此，对于陈瓘在宋徽宗年间复杂政治环境中敢于不随波逐流和"以身扞之，几灭顶而不悔"的勇气，杨时也是给予了高度肯定。而杨时"嗟一跌而不振者，卒困死于流离"④之类的感慨，也流露出对陈瓘坎坷遭遇的同情和惋惜。

到南宋初，宋高宗君臣欲复元祐之政，大肆追褒元祐故老。在这一政治气候下，陈瓘反对王安石及其政事、学术的种种言论，也被作为追讨王安石

---

① 《楼钥集》卷69《题跋·跋陈闻远所藏了翁龟山元城帖》，第1224页。
② 《杨时集》卷24《记·沙县陈谏议祠堂记》，第636页。
③ 《杨时集》卷24，《记·南剑州陈谏议祠堂记》，第639页。
④ 《杨时集》卷28，《祭文·祭陈莹中》，第741页。

变法亡国之罪的有力武器而被朝廷加以利用。值此之际,杨时更是对陈瓘再次给予高度赞誉:"天生我公,为时元龟,精贯日月,而无以自表;气包宇宙,而不容于时……一跌而不振,卒困死于流离。"①同时,杨时还认为,熙宁新党变更祖宗之法,"熙宁更新法度,以经术造士,假六艺之文以济其申、商之术,一有戾己,则流放窜殛之刑随其后。虽世臣元老,概以四凶之罪目之",以致"佞谀成风,而正论熄矣,士风不振。积至于崇、宣述其事,而流毒滋甚……积流稽天"。而当此之际,陈瓘却能不顾连遭数贬,与打着"绍述"旗号大肆迫害元祐旧党的蔡京、蔡卞等当权者抗争不止。在杨时看来,陈瓘此举实可谓"以身扞之,几灭顶而不悔。刚大之气……非命世之才而能自拔于流俗者,未之有也"②。这样,杨时不仅由衷钦佩陈瓘对于蔡氏兄弟之奸的先见之明、明察秋毫,更深深赞叹这种敢于同权佞做不懈抗争的气魄和精神,认为这足以为时人的鲜明表率,并且对于北宋末消沉的士风而言,也不无振聋发聩的作用。正因如此,杨时在为陈瓘撰写祠堂记之际,再次对陈瓘予以高度褒扬:"公之德业,足以泽世垂后,虽不用于时,而其流风余韵,足以立懦夫之志。"③将陈瓘学术、人品在其身后所产生的影响,置于一个极高的地位。客观地讲,此类赞语颇为言过其实,对陈瓘的生前、身后影响都是极度过誉的。但有一点是无疑的,那就是杨时十分看重陈瓘的学术及才气。

第三节 朱熹对陈瓘的评价

作为北宋以来理学集大成者,朱熹在《朱文公文集》《朱子语类》等重要

---

① 《宋陈忠肃公言行录》卷8《诸儒祭文》。
② 《宋陈忠肃公言行录》卷8《南剑州谏议祠记》。
③ 《历代石刻史料汇编》卷9《陈忠肃公祠记》,第390页。

著作中,对陈瓘也多有品评。综合而言,对于陈瓘的人品,朱熹多持赞誉之词;对于陈瓘的学术、政见,朱熹则是对其赞誉、批评兼而有之。

例如,对于陈瓘称《王安石日录》为一部"矫诬之书"、经蔡卞等人多有改动的看法,朱熹即有着不同的见解:

> ……凡安石之所以惑乱神祖之聪明而变移其心术,使不得遂其大有为之志,而反为一世祸败之原者,其隐微深切皆聚此书,而其词锋笔势纵横捭阖,炜烨谲诳,又非安石之口不能言,非安石之手不能书也。①

据此,在朱熹看来,陈瓘认为《王安石日录》多存蔡卞个人的撰造之语,与事实并不相符。朱熹又称,《王安石日录》"见诸行事深切著明者,又已相为表里,亦不待晚年忕笔有所增加而后为可罪也",即以王安石的行事风格加以印证。因此,总的来说,对于陈瓘在《四明尊尧集》中对王安石本人的种种攻击,朱熹认为这一做法"未得其要领",似乎仍"有所避就"②,"只似讨闹,却不于道理上理会。盖它止是于利害上见得,于义理全疏。如介甫心术隐微处,都不曾攻得,却只是把持"③。也就是说,尽管陈瓘对王安石及其新学自多方面展开抨击、指责,但在朱熹看来却仍未触及要害、不得要领。由此可见,朱熹对陈瓘在《四明尊尧集》中致力于攻击王安石的种种努力,在学术层面是并不予以认同的。因此,虽有鉴于宋徽宗朝时"鄙儒俗生随风而靡者既无足道,有识之士则孰有不寒心者。顾以奸贼蔽蒙,禁纲严密,是以饮气吞声,莫敢指议",而陈瓘独能于此时"出死力以排之,其于平居书疏还往,讲论切磨唯恐其言不尽",实为难能可贵。但与此同时,朱熹也认为陈瓘之论"其所以

---

① 朱熹:《晦庵先生朱文公文集》卷70《读两陈谏议遗墨》,《新订朱子全书(附外编)》第24册,上海:上海古籍出版社,2022年,第3378页。
② 《晦庵先生朱文公文集》卷70《读两陈谏议遗墨》,《新订朱子全书(附外编)》第24册,第3378页。
③ 《朱子语类》卷130《本朝四·自熙宁至靖康用人》,《新订朱子全书(附外编)》第19册,第4321页。

为说者不过如此",于义理上则是全疏,即对陈瓘的学术建树也不乏批评,"观理制事者犹未免于有蔽而然耶"①。关于这一方面,朱熹进而指出:

> 若言荆公学术之缪,见识之差,误神庙委任,则可。却云《日录》是蔡卞增加,又云荆公自增加。如此,则是彼所言皆是,但不合增加其辞以诬宗庙耳。又以其言"太祖用兵,何必有名?真宗矫诬上天"为谤祖宗,此只是把持他,元不曾就道理上理会,如何说得他倒?②

故此,朱熹认为陈瓘对王安石《日录》的批评不仅在理路上显得有些混乱,更关键的是"不曾就道理上理会",因而也就不能实现彻底击垮王安石学术这一目的。

相对而言,在批判王安石及其《日录》这一问题上,朱熹认为杨时在批判的深度上要比陈瓘做得更好,"唯龟山杨氏指其离内外,判心迹,使道常无用于天下,而经世之务皆私智之凿者,最为近之"③;"《龟山集》中有攻《日录》数段,却好。盖龟山长于攻王氏"④。也就是说,在朱熹看来,如果将陈瓘、杨时二人两相比较的话,杨时在揭批王安石及其变法、新学的深度这些方面比陈瓘更胜一筹,更为接近问题的本质。可见,朱熹对陈瓘在批判王安石这一问题上所做的诸多努力是较为不满、不予认同的。也正是基于朱熹对陈瓘在批驳王安石《日录》问题上的这样一种评价和定位,他在《读两陈谏议遗墨》中进而更加明确地指出,陈瓘等人对王安石及其变法、新学的批判"反有不能及者。是以至今又几百年,而其是非之原终未明白"⑤。而之所以造成"其

---

① 《晦庵先生朱文公文集》卷70《读两陈谏议遗墨》,《新订朱子全书(附外编)》第24册,第3384页。
② 《朱子语类》卷130《本朝四·自熙宁至靖康用人》,《新订朱子全书(附外编)》第19册,第4321页。
③ 《晦庵先生朱文公文集》卷70《读两陈谏议遗墨》,《新订朱子全书(附外编)》第24册,第3384页。
④ 《朱子语类》卷130《本朝四·自熙宁至靖康用人》,《新订朱子全书(附外编)》第19册,第4321页。
⑤ 《晦庵先生朱文公文集》卷70《读两陈谏议遗墨》,《新订朱子全书(附外编)》第24册,第3385页。

是非之原终未明白"的这种局面,在朱熹看来陈瓘也是不无责任、难辞其咎的。总体而言,朱熹一方面是对陈瓘坚持抨击王安石及其学术的勇气予以肯定,但另一方面则对其种种努力的成效、深度并不认同。

那么,除却对陈瓘在批评王安石及其变法、新学等方面的学术成就甚为不满外,朱熹对陈瓘的其他方面又有何品评呢?从史料记载来看,对于陈瓘的才气、气节,朱熹还是给予了高度肯定。关于这一点,朱熹在《朱子语类》等著作中即有着比较明确、突出的表露:

> 陈了翁在贬窜中,与蔡京辈争辩不已,亦是他有智数。盖不如此,则必为京辈所杀矣。
>
> 陈了翁气刚才大,惜其不及用也。
>
> 问:"元城、了翁之刚,孰为得中?"曰:"元城得中,了翁后来有太过处。元城只是居其位,便极言无隐,罪之即顺受。了翁后来做得都不从容了。所以元城尝论其《尊尧集》所言之过,而戒之曰:'告君行己,苟己无憾,而今而后,可以忘言矣。'"
>
> 了翁有济时之才,道乡纯粹,才不及也。使了翁得志,必有可观。①

由此看来,朱熹对陈瓘与蔡京等人斗争的勇气给予了充分肯定,并盛赞陈瓘具有"济时之才",认为如使他得以施展其志则必会有突出建树,但"惜其不及用也"②。不仅如此,朱熹甚至还认为在北宋灭亡之前"若早用其人,犹可救得一半"③,从而对陈瓘的"不及用"深表惋惜。同时,针对陈瓘在宋徽宗朝

---

① 《朱子语类》卷130《本朝四·自熙宁至靖康用人》,《新订朱子全书(附外编)》第19册,第4351页。

② 《朱子语类》卷130《本朝四·自熙宁至靖康用人》,《新订朱子全书(附外编)》第19册,第4351页。

③ 《铁庵集》卷2《右螭奏议·直前札子》,影印文渊阁四库全书,台北:台湾商务印书馆,1986年,集1178-161。

一系列政治斗争中的失之急躁、"不从容",朱熹在此也是给予了比较严厉的批评。显而易见,朱熹一方面对陈瓘在北宋政治仕途中的不得志、空有大才而无以得伸颇为痛惜和同情,另一方面对陈瓘才能的评价也存在一定的过誉和拔高。

另外,陈瓘也是长期痴迷于佛教,这一点与诸多宋代士大夫颇为相类。较之他人,陈瓘更称得上是能够将华严宗、天台宗、禅宗以及净土宗汇聚于一身的居士①。尤其是他对《华严经》教义接触较早且多有偏爱,并自号华严居士。据陈渊称,"翁(陈瓘)尝写《华严经》尽八十卷,不错一字。或以问之,曰:'方吾落笔时,一点一画心无不至焉,故能如此……'"②,由此可见他对《华严经》的潜心钻研、用力之勤。在被贬合浦期间,陈瓘也曾在致陈渊的书信中直言"天下之死一也。死于瘴疠,死也;死于囹圄,亦死也;死于刀锯,亦死也。吾今一视之,俱无所择",又称"吾平生学佛,唯于死生之际了然无怖。汝等既知此理,亦须处之有素。若处之无素,骤入苦趣,无安乐法"③,由此可见佛学对他的影响是相当突出的。可见,佛学对于陈瓘而言,俨然已经成为其在历经贬谪、多次身处困境时的重要精神寄托和支撑,并使他得以在面临诸种困境时能够做到泰然处之,甚至可将生死置之度外。此外,陈瓘也曾经明言:

> 佛法之要,不在文字,亦不离于文字,只《金刚经》一卷足矣。世之贤士大夫无营于世而致力于此经者,昔尝陋之,今知其亦不痴也。此经要处只九字,曰"阿耨多罗三藐三菩提",华言一"觉"字耳,《中庸》"诚"字即此也……年过五十,宜即留意,勿复因循。此与日用事百不相妨,独在心不忘耳。早知则早得力。④

---

① 潘桂明:《中国居士佛教史》,北京:中国社会科学出版社,2000年,第509-510页。
② 《默堂集》卷22《书了斋笔供养发愿文》,史1139-536。
③ 《默堂集》卷22《题了斋所书佛语卷后》,史1139-535。
④ 黄宗羲原撰,全祖望补修;陈金生、梁运华点校:《宋元学案》卷35《陈邹诸儒学案·清敏门人·忠肃陈了斋先生瓘》,北京:中华书局,1986年,第1213页。

通过陈瓘的这些言论可以看出,佛学对他在客观上还是产生了较大影响。而针对陈瓘浸染佛学这种现象,徐俯也是多有批评,曾指出"莹中大节昭著,是能必行其志者。当视爵禄如粪土,然犹时对日者说命"①。至于朱熹,则更是对陈瓘沉迷于佛教这种情形多有严厉批评,指出"《华严合论》其言极鄙陋无稽,不知陈了翁一生理会这个,是有甚么好处,也不会厌。可惜极好底秀才,只恁地被它引去了"。因此,对于陈瓘与杨时等人在往来书信中对《华严经》多有探讨这种现象,朱熹也不禁多有"不知了翁诸人何为好之之笃"②一类的感慨。可见,相较于陈瓘对禅学富有浓厚的兴趣,朱熹则是对此持不屑的态度,"陈了翁好佛,说得来七郎八当"③"《了翁集》后面说禅,更没讨头处"④。而宋代士大夫浸染佛学,在当时社会内部也是比较普遍的一种现象。仅从陈瓘等人来看,譬如《宋元学案》等史籍中即指出,"龟山弟子遍天下,默堂以爱婿为首座。其力排王氏之学,不愧于师门矣!惜其早侍了斋,禅学深入之,而龟山亦未能免于此也"⑤,可见陈瓘痴迷佛学对陈渊等人也有着重要影响。

在与其门人探讨陈瓘的笃佛这一问题时,朱熹认为这主要还是由于陈瓘对佛教的本质认识不深,"只是见不透,故觉得那个好"⑥。应该说,朱熹的这种观点有其一定的道理,即认识到了陈瓘因不谙佛教本质而遁入其门这一方面。同时,从客观上讲,陈瓘在宋徽宗朝接连遭受来自蔡京集团的政治打击与迫害,由此导致其政治仕途颇为塞跛,个人的政治抱负、政治才能也无法得到施展。在这种长期政治失意的情境中,佛教的一些诸如遁世之类的思想,在当时的环境下可给他失落、苦闷的心境带来一丝慰藉。正如前面

---

① 潘永因:《宋稗类钞》卷5《尚论》,北京:书目文献出版社,1985年,第469页。
② 《朱子语类》卷126《释氏》,《新订朱子全书(附外编)》第19册,第4223—4224页。
③ 《朱子语类》卷126《释氏》,《新订朱子全书(附外编)》第19册,第4237页。
④ 《朱子语类》卷130《本朝四·自熙宁至靖康用人》,《新订朱子全书(附外编)》第19册,第4327页。
⑤ 《宋元学案》卷38《默堂学案·默堂学案序录》,第1264页。
⑥ 《朱子语类》卷126《释氏》,《新订朱子全书(附外编)》第19册,第4224页。

所讲,陈瓘曾自称"吾平生学佛,唯于死生之际了然无怖"①,这应该是他在较长时期内醉心于佛教的另外一个重要原因。因此,在很大程度上,正是有了佛教这一精神支柱的支撑,陈瓘才得以能够直面政治仕途中的接连受挫、生活中的百般困苦。这样看来,对陈瓘而言,佛教也成为他与蔡京等权臣长期抗争的一种重要精神支柱。关于这一方面,全祖望在《宋元学案》中也曾指出:"此则知先生(陈瓘)之学佛,亦其寄也。所谓'儒其行而墨其言。'"②这种评价应该说还是比较客观、准确的。在此值得附带一提的是,至于《宋名臣言行录》等史籍中所载陈瓘"通《易》数,如靖康变故,隆祐垂帘,国家中兴之事,往往尝预言之。士大夫间有亲闻者"③之类事迹,则就显得颇为荒诞不经、不切实际了。

第四节　宋代以来其他士大夫对陈瓘的评价

除却杨时、朱熹等人对陈瓘学术、政事等多有评价之外,宋代以来其他诸多士大夫也都先后对陈瓘有着相应的评价。而反映到这些士大夫的相关评价中,也多是自不同角度而对陈瓘给予较高的肯定和赞扬。

在杨时、朱熹之外,在其他诸多宋代士大夫对陈瓘的评价中,吕本中、邓肃、李熹、楼钥等人比较具有代表性。例如作为陈瓘弟子之一的吕本中,他在其《童蒙训》等著作中对陈瓘的品行、才识等多有赞誉。比如针对陈瓘的《责沈文》,吕本中即指出"莹中以谓世有伯淳而己不知,宜自责者也。今世之人,闻己所不知,其不愠而发谤骂者几希矣,况能自责日夜以为愧乎!莹

---

① 《默堂集》卷22《题了斋所书佛语卷后》,史1139-535。
② 《宋元学案》卷35《陈邹诸儒学案·清敏门人·忠肃陈了斋先生瓘》,第1215页。
③ 《宋名臣言行录》后集卷13《陈瓘忠肃公》,《新订朱子全书(附外编)》第13册,第448页。

中之所以超绝今古,特立独行而不顾,非偶然也"①。而邓肃和其父邓谷二人均与陈瓘交往过密,且都对陈瓘的从政风格、才识等方面颇为钦佩。从邓肃的角度来讲,他在《栟榈集》中即多有对陈瓘的相关记述和评价。仅以他在建炎三年(1129)二月所作的《奉安陈谏议祭文》一文为例,其中即声称"靖康之难胎于崇宁,相彼元恶,治乱已分,人皆见于已著,公独察乎未形,正色立朝,上撄逆鳞,虽菽粟之奉不给于朝昏,而正直之气盖充塞乎乾坤。若上皇能用公于三黜之后,则必无宣和之末;若渊圣能作公于九泉之下,则必无沙漠之征"②,从而对陈瓘的才能给予相当高的赞誉,同时也对其不得朝廷重用深表惋惜。

南宋史学家李焘对陈瓘的评价,也是不容忽视的一个重要方面。关于这一点,其史学巨著《长编》中即有着极其鲜明的体现。而在《长编》注文中,李焘对陈瓘《四明尊尧集》诸多内容的大量征引更是尤为明显。对于自称"耻读王氏书"③的李焘而言,其大量征引陈瓘《四明尊尧集》相关内容的目的也是十分明确的,即借此以实现对王安石及其新法、学术的批判和否定,这一点是不言而喻的。同时,李焘在《长编》中对陈瓘《四明尊尧集》内容的大量征引,在很大程度上也可以说代表着当时的官方立场和态度。据李华瑞统计,《长编》中仅从熙宁三年四月至王安石第二次罢相,即共征引陈瓘论点达四十多处。这样,李焘即"用陈瓘的论点,以加注的方式道出自己对熙丰新法是非论定的结论"④。从总体上来看,李焘对陈瓘批判王安石及其变法的言论"情有独衷"、频频征引,说明其对于这些言论也是完全予以认同和赞许的。不仅如此,甚至有关陈瓘的其他"待考"性事迹、言论,李焘《续资治通鉴长编》中也有着相应的记载,例如在卷 485 中即有着对陈瓘主持别试一事

---

① 《吕本中全集·童蒙训》卷下,第 1006 页。
② 《栟榈集》卷 22《祭文·奉安陈谏议祭文》,集 1133-366。
③ 《宋史》卷 388《李焘传》,第 11914 页。
④ 李华瑞:《从〈续资治通鉴长编〉注文看李焘对王安石变法及其新法的态度》,《文史》2001 年第 2 期;本文另收录于氏著论文集《宋史论集》,保定:河北大学出版社,2001 年。

及其有关言论的记录:

> 瓘又尝为别试主文,林自复谓蔡卞曰:"闻陈瓘欲尽取史学而黜通经之士,意欲沮坏国事而动摇吾荆公之学。"卞既积怒,谋将因此害瓘而遂禁绝史学,计划已定,惟候瓘所取士,求疵立说而行之。瓘固预料其如此,乃于前五名悉取谈经及纯用王氏之学者,卞无以发。然五名之下,往往皆博洽稽古之士也。瓘常曰:"当时若无矫诵,则势必相激,史学往往遂废矣。故随时所以救时,不必取快目前也。"

对此,李焘在注文中称"此据《丁未录·陈瓘传》增入,不知作传者系何人,须别删修,乃可用耳"①。由此也可看出,对于诸如此类有助于批驳王安石新学的有关陈瓘"待考"记载,李焘在《长编》中也是极力加以保留的。而上述这些方面也可反映出,李焘在《长编》中对陈瓘的评价颇高,而这同时在很大程度上也是服务于他对王安石变法、王安石新学的抨击和否定的。

另外,南宋时期的楼钥等人,也对陈瓘有着颇高的评价和赞誉。比如,楼钥在其《跋陈忠肃公表稿》中即称:

> 范忠宣晚年益以天下自任,尤留意人材。或问其所储蓄为今日用者,曰陈某,又问其次,曰陈某自好。盖言忠肃公可以独当天下之重也。宣和末年,或问游公察院以当今可以济世之人,曰陈了翁其人也。元城先生尝因公病,勉以医药自辅,天下将有赖于公,当力加保养,以待时用。读公表稿及纸尾数语,气凛然如生,折而不挠,有大臣之风,三公真知言哉。②

---

① 《续资治通鉴长编》卷485,绍圣四年四月乙未,第11531页。
② 《楼钥集》卷68《题跋·跋陈忠肃公表稿》,第1202页。

第六章　宋代以来官方、士大夫对陈瓘的追褒和评价

从中可以看出，一方面是范纯仁、游酢、刘安世三人对陈瓘赞誉颇高，另一方面楼钥本人也是颇为赞同三人对陈瓘的这种评价的。而楼钥在其《代仲舅汪尚书跋了斋表稿》一文中，也同样对陈瓘予以高度赞扬：

> 德寿皇帝中兴，慨念裕陵《实录》之诬，绍兴甲寅，乃诏三馆之士是正之。内相范公冲、中书舍人任公申先相继职其事，当时英俊皆在选中。吾乡礼部侍郎高公闶其一也。先少卿方官于朝，高公以姻连馆寓间，见诸公往来议论之余，某因得剽闻一二。及取忠肃陈公所著《尊尧集》读之，其立言措意，无非忠愤所激，英风义气凛凛乎方册之上，自恨晚出，不得端拜下风。①

在此，楼钥简要介绍了他对陈瓘有关言论的了解和对著述的阅读情况，同时也表达了自己对陈瓘的极为推崇之情。

此外，南宋时期其他士大夫的有关言论中，对陈瓘也多有相应的赞誉和评价。例如，咸淳二年（1266）七月，刘震孙为《四明尊尧集》所作的跋文中称，"忠肃陈公《尊尧集》，与介甫《日录》字字对垒，使天下后世知神考之圣明，介甫之诬谤。较然如白黑之不可以贸乱，上以纾在天之愤，下以彰无君之戒"②。咸淳五年（1269）六月，徐直谅在其《跋公谏垣手稿》也声称，"公（陈瓘）之言虽不得行于一世，然天经人纪隐然赖之，而存启我宋中兴之运者，其机在此"③。南宋士人对陈瓘诸如此类的赞誉，虽然多有过誉，但客观上对陈瓘地位在南宋时期的进一步提升无疑有其推动作用。另外，在陈瓘身后，宋代民间百姓对其相关祭祀活动也有着相应开展。例如，直到南宋晚期，陈瓘

---

① 《楼钥集》卷76《题跋·代仲舅汪尚书跋了斋表稿》，第1366页。
② 《宋忠肃陈了斋四明尊尧集》卷11《刘朔斋跋尊尧集》，第402页；《宋陈忠肃公言行录》卷7《跋公尊尧集》。
③ 《宋陈忠肃公言行录》卷7《跋公谏垣手稿》。

故籍沙县的当地百姓,也是将他与濂溪、明道、伊川、龟山、豫章、延平、晦庵八先生祠一并加以供奉①。

到元明时期,士大夫对陈瓘仍多有较高的评价。如明朝李濂在其《汴京遗迹志》中,即对陈瓘有着如下的评价:

> 熙丰之法,固多病民,然其间亦有一二可行者。不问是非,一切纷更之,则过矣。熙丰用事之臣,固多狡佞,大者均逸外藩,小者斥居州县,亦可以已矣。而任言责者,涤瑕索瘢,攻击不少恕;典制命者,摘微发隐,惟恐其罪之不昭,不亦甚乎!……故始也陈瓘、刘安世纠劾群奸,终也杨畏、来之邵掊击善类;始也苏轼草制过于抑扬,终也林希草制极其丑诋;始也贬死瘴江者蔡确一人耳,终也刘挚、吕大防之属死于岭海,不知其几。②

在此,李濂的这种言论,涉及对王安石变法、元祐之政、绍圣之政的相关评价,其中也将陈瓘、刘安世等人视为抨击王安石及其变法活动的开创者,并对陈瓘等人的政治遭遇深表同情。与此同时,李濂对熙丰到元祐、绍圣时期北宋党争的过激做法,也是给予了相应的批评。另如明朝徐阶,也曾在其所作《重刊祠堂记》中对陈瓘加以高度赞扬,指出"某每读先生《责沈文》《自警诗》《谕子侄》诸篇,未尝不掩卷太息,以为知先生之独立,不惧遁世无闷,其原盖出于此,未可直以气节之士目之也"③。

总体来看,随着宋钦宗时期政治局势的变动,陈瓘开始获得来自朝廷的认同和追赐。尤其是到南宋时期,宋廷对陈瓘的追赐、对陈瓘后人的赏赐愈

---

① 《铁庵集》卷33《祝文·县学安奉八先生祠》,集1178-310。
② 李濂撰;周宝珠、程民生点校:《汴京遗迹志》卷18《艺文志五·杂文·读宋史》,北京:中华书局,1999年,第344页。
③ 《宋陈忠肃公言行录》卷8《重刊祠堂记》。

加频繁,而这无疑是与南宋初期追论北宋亡国之罪的政治需要密切相连的。在这些变化的产生和发展中,陈瓘在其身后获得了官方对其政治、学术上地位的肯定和抬升。而与官方的这一基调转变相适应,自北宋末期直到南宋末期,官方、士大夫乃至民间分别以不同的形式开展对陈瓘的追褒或祭祀,而这种做法也对后世对陈瓘的评判产生了重要影响。客观而言,自北宋入南宋政治局势的变化、王安石新学地位的逐渐下降与理学地位的逐渐提升,这些因素共同促成了在陈瓘评价这一问题上的重要转变。换言之,宋代官方力量与理学的相互结合、相互支持,是造成对陈瓘评价发生重大转变的关键所在。而在宋代之后,借助于来自官方、民间两种力量的合力,陈瓘的后世影响仍比较突出。

结语

自熙宁年间开始直至北宋灭亡,这一时期堪称北宋历史上最为跌宕起伏的一个重要阶段。在此期间,政治上的党争一浪高过一浪,各种矛盾错综复杂、相互交织,并在发展演变的过程中逐步趋于极端化。而对于生活在这种社会环境中的陈瓘而言,他在元丰二年(1079)通过科举考中进士后步入北宋政坛,此后也开始参与到诸多政治活动中。在绍圣、元符年间,陈瓘一方面是对此前元祐党人尽废熙丰之政的做法并不完全认同,另一方面则是对绍述新党极力打击、报复元祐旧党的执政政策多有异议,他向宋哲宗、章惇执政者先后提出的"消朋党,持中论""若稽古"等一系列政治主张也并不能获得执政集团的采纳。随着他与章惇、蔡卞、曾布等执政者政治冲突的加剧,陈瓘在北宋政坛中也是接连受挫。而到宋徽宗年间,曾布、蔡京先后主政,陈瓘与其他台谏官联合对朝政的批评仍是不断,他本人由此所遭受的惩处也颇为频繁。尤其是在宋徽宗、蔡京集团借助编类元祐党籍和树立元祐党籍碑以打击政治异己势力的形势下,陈瓘更是三次均被列入元祐党籍而被辗转贬至多处,直至宣和年间卒于楚州贬地都一直未能重返朝堂。陈瓘晚年的凄惨遭遇,与他此前长期极力抨击、弹劾蔡京的活动、立场也是密切相关的。

　　陈瓘在宋徽宗朝被贬期间,最初于崇宁二年(1103)在贬地廉州撰成《合浦尊尧集》,在书中痛诋蔡卞篡改《王安石日录》并据之纂修《神宗实录》,而对王安石自才干、人品至政事等诸多方面则充分予以肯定和推崇,因此基本上是遵循着"是王非卞"的政治基调;到政和年间,陈瓘在贬地台州又撰成

《四明尊尧集》,这一著作较之《合浦尊尧集》一反前论,对王安石自多方面逐条开展批驳,将批判矛头直指王安石及其政事和学术。在陈瓘身上之所以发生这种前后重大转变,一方面是随着北宋政局自宋神宗朝到宋哲宗朝,再到宋徽宗朝跌宕起伏的变动,陈瓘相关的政治主张接连遭受执政集团的轮番摒弃,他本人的政治观念、立场逐渐转向元祐旧党一边,由此也频频遭到执政者的种种迫害和打击,这也促使陈瓘在政治上由对蔡卞、蔡京等人的批评,逐渐转化为对王安石及其政事的猛烈抨击;另一方面,从陈瓘的学术师承来讲,他经历了由最初钦慕王安石新学到后面醉心于二程洛学的巨大变化,这种变化对其政治观念、立场的转变自然也具有重大影响。在北宋后期跌宕起伏的社会变动中,陈瓘一直以其特立敢言的行事风格活跃在北宋政坛中,宋代士大夫积极参政的特点在他身上得到了极其鲜明的展现。这既与陈瓘本人的性格、长期担任台谏官的经历直接相关,又与北宋政治发展中长期以来所形成的台谏官独立言事权这一制度保障密不可分。

南宋初期,缘于宋高宗集团开脱北宋宋徽宗亡国之罪的政治需要,宋廷开始在政治、学术思想方面极力否定王安石及其新学,并将其定位为导致北宋灭亡的根源而加以批判。与此相对应,理学则进一步获得南宋政权的认可并得到提升。正是伴随着南宋初期这种政治、学术气候的变化,"举国上下,包括一些有识之士,都不免用极其简便的逻辑推理,由'崇宁'而上溯到熙丰,由蔡京而上溯到创立和推行新法的王安石、吕惠卿、章惇等人,把他们作为集矢之的"①。而这种政治、学术气候的变化,实际上肇始于宋钦宗时期,到宋高宗时期则获得极度发展。在这种政治、学术风向下,北宋后期曾长期对王安石、章惇、蔡卞、蔡京等人进行大力讨伐的陈瓘,无疑也就成为南宋初期追论北宋亡国之责、否定王安石及其变法活动和新学的相当典型的一面旗帜、一个样本。正因如此,自宋钦宗时期开始,到南宋初期直至南宋

---

① 邓广铭:《校点本〈宋诸臣奏议〉弁言》,《邓广铭治史丛稿》,北京:北京大学出版社,2010年,第382—383页。

晚期，陈瓘都不断获得宋廷官方的大力追褒和赞扬。北宋末、南宋初宋廷对陈瓘的这种官方认同与引导，也对陈瓘身后地位的提升、士大夫对陈瓘的积极评价具有重要作用，同时又对后世官方、民间对陈瓘的评价、定位有其长期而深远的影响。而从学术史发展的角度来看，相对于自北宋末期至南宋初期杨时等人大力批判荆公新学、倡导理学乃至南宋时期理学的蓬勃发展、官学地位的确立，陈瓘无疑也是王安石及其变法、王安石新学地位下降和理学地位上升这一过程中的重要一环。

参考文献

一、古籍

[1] 王安石.王安石日录辑校[M].孔学,辑校.成都：四川大学出版社,2015.

[2] 脱脱,等.宋史[M].北京：中华书局,1985.

[3] 李清馥.闽中理学渊源考[M].徐公喜,管正平,周明华,点校.南京：凤凰出版社,2011.

[4] 吕本中.吕本中全集[M].韩酉山,辑校.北京：中华书局,2019.

[5] 吕祖谦.吕祖谦全集[M].黄灵庚,吴战垒,主编.杭州：浙江古籍出版社,2008.

[6] 朱熹.伊洛渊源录[M]//宋史资料萃编：第二辑.台北：台湾文海出版社,1968.

[7] 朱熹.宋名臣言行录[M]//朱杰人,严佐之,刘永翔.新订朱子全书(附外编).李伟国,校点.上海：上海古籍出版社,2023.

[8] 陈瓘.宋忠肃陈了斋四明尊尧集[M]//四库全书存目丛书.济南：齐鲁书社,1996.

[9] 王应麟.玉海[M].扬州：广陵书社,2003.

[10] 解缙,等.永乐大典[M].北京：中华书局,1986.

[11] 陈瓘.宋陈忠肃公言行录[M].陈大濩,校正.北京：国家图书馆藏嘉靖二十九年刻本.

[12] 王称.东都事略笺证[M].吴洪泽,笺证.上海：上海古籍出版社,2023.

[13] 朱熹.八朝名臣言行录·三朝名臣言行录[M]//朱杰人,严佐之,刘永翔.新订朱子全书(附外编).李伟国,校点.上海：上海古籍出版社,2022.

[14] 杨仲良.《续资治通鉴长编纪事本末》点校[M].丁建军,点校.郑州：中州古籍出版社,2023.

[15] 佚名.宋史全文[M].汪圣铎,点校.北京：中华书局,2016.

[16] 魏了翁.鹤山集[M]//影印文渊阁四库全书.台北：台湾商务印书馆,1986.

[17] 陈均.九朝编年备要[M]//影印文渊阁四库全书.台北：台湾商务印书馆,1986.

[18] 吕中.类编皇朝大事记讲义 类编皇朝中兴大事记讲义[M].张其凡,白晓霞,整理.上海：上海人民出版社,2014.

[19] 俞琰.读易举要[M]//影印文渊阁四库全书.台北：台湾商务印书馆,1986.

[20] 王明清.挥麈录[M].上海：上海书店出版社,2001.

[21] 李心传.旧闻证误[M].崔文印,点校.北京：中华书局,1981.

[22] 陈渊.默堂集[M]//影印文渊阁四库全书.台北：台湾商务印书馆,1986.

[23] 国家图书馆善本金石组.历代石刻史料汇编[M].北京：北京图书馆出版社,2000.

[24] 林表民.赤城集[M]//影印文渊阁四库全书.台北：台湾商务印书馆,1986.

[25] 陈瓘.宋忠肃陈了斋四明尊尧集[M]//续修四库全书：第448册.上海：上海古籍出版社,2002.

[26] 彭百川.太平治迹统类[M]//影印文渊阁四库全书.台北：台湾商务印书馆,1986.

[27] 朱希召.宋历科状元录[M]//北京图书馆古籍珍本丛刊.北京：书目文献出版社,1997.

[28] 徐自明.宋宰辅编年录[M]//宋史资料萃编：第二辑.台北：台湾文海出版社,1967.

[29] 李焘.续资治通鉴长编[M].上海师范大学古籍整理研究所,华东师范大学古籍整理研究所,点校.2版.北京：中华书局,2004.

[30] 徐乾学.资治通鉴后编[M]//影印文渊阁四库全书.台北：台湾商务印书馆,1986.

[31] 陈桱.通鉴续编[M]//影印文渊阁四库全书.台北：台湾商务印书馆,1986.

[32] 李心传.建炎以来系年要录[M].胡坤,点校.北京：中华书局,2013.

[33] 冯椅.厚斋易学[M]//影印文渊阁四库全书.台北：台湾商务印书馆,1986.

[34] 陈瓘.了斋易说[M]//影印文渊阁四库全书.台北：台湾商务印书馆,1986.

[35] 陈振孙.直斋书录解题[M].徐小蛮,顾美华,点校.上海：上海古籍出版社,1987.

[36] 马端临.文献通考[M].北京：中华书局,1986.

[37] 周煇.清波杂志校注[M].刘永翔,校注.北京：中华书局,1994.

[38] 王梓材,冯云濠.宋元学案补遗[M].沈芝盈,梁运华,点校.北京：中华书局,2012.

[39] 赵汝愚.宋朝诸臣奏议[M].北京大学中国中古史研究中心,点校.上海：上海古籍出版社,1999.

[40] 司马光.司马光集[M].李文泽,霞绍晖,校点整理.成都：四川大学出版社,2010.

[41] 黎靖德.朱子语类[M].王贤星,点校.北京：中华书局,1999.

[42] 范纯仁.范忠宣公文集[M]//宋集珍本丛刊.北京：线装书局,2004.

[43] 苏轼.苏轼文集[M].孔凡礼,点校.北京：中华书局,1986.

[44] 蔡绦.铁围山丛谈[M].冯惠民,沈锡麟,点校.北京：中华书局,1983.

[45] 苏辙.苏辙集[M].陈宏天,高秀芳,点校.北京：中华书局,1990.

[46] 岳珂.桯史[M].吴企明,点校.北京：中华书局,1997.

[47] 王夫之.宋论[M].北京：中华书局,1998.

[48] 富大用.古今事文类聚新集[M]//影印文渊阁四库全书.台北：台湾商务印书馆,1986.

[49] 陆心源.宋史翼[M].吴博雄,点校.杭州:浙江古籍出版社,2016.

[50] 赵善璙.自警编[M]//影印文渊阁四库全书.台北:台湾商务印书馆,1986.

[51] 罗濬.宝庆四明志[M]//影印文渊阁四库全书.台北:台湾商务印书馆,1986.

[52] 黄以周,等.续资治通鉴长编拾补[M].顾吉辰,点校.北京:中华书局,2004.

[53] 徐松.宋会要辑稿[M].刘琳,刁忠民,舒大刚,等校点.上海:上海古籍出版社,2014.

[54] 邵伯温.邵氏闻见录[M].李剑雄,刘德权,点校.北京:中华书局,1983.

[55] 邵博.邵氏闻见后录[M].刘德权,李剑雄,点校.北京:中华书局,1983.

[56] 吕祖谦.宋文鉴[M].齐治平,点校.北京:中华书局,1992.

[57] 叶适.叶适集[M].刘公纯,王孝鱼,李哲夫,点校.北京:中华书局,2010.

[58] 曾布.曾公遗录[M].顾宏义,点校.北京:中华书局,2016.

[59] 周煇.清波别志[M].丛书集成初编.北京:中华书局,1985.

[60] 何薳.春渚纪闻[M].张明华,点校.北京:中华书局,1983.

[61] 王楙.野客丛书[M].王文锦,点校.北京:中华书局,1987.

[62] 陈瑾,陈象翰,补修.四明尊尧集[M]//续修四库全书.上海:上海古籍出版社,1995.

[63] 徐梦莘.三朝北盟会编[M].台北:台湾大化书局,1979.

[64] 戴表元.剡源文集[M]//影印文渊阁四库全书.台北:台湾商务印书馆,1986.

[65] 陈次升.谠论集[M]//影印文渊阁四库全书.台北:台湾商务印书馆,1986.

[66] 永瑢,等.四库全书总目[M].北京:中华书局,1965.

[67] 尤袤.遂初堂书目[M]//丛书集成初编.上海:商务印书馆,1935.

[68] 晁公武.郡斋读书志校证[M].孙猛,校证.上海:上海古籍出版社,2011.

[69] 周必大.周必大全集[M].王蓉贵,白井顺,点校.成都:四川大学出版社,2017.

[70] 郑樵.通志[M].北京:中华书局,1987.

[71] 邓肃.栟榈集[M]//影印文渊阁四库全书.台北:台湾商务印书馆,1986.

[72] 杨时.杨时集[M].林海权,校理.北京:中华书局,2018.

[73] 黄震.黄震全集[M].杭州:浙江大学出版社,2013.

[74] 黄宗羲;全祖望,补修.宋元学案[M].陈金生,梁运华,点校.北京:中华书局,1986.

[75] 方大琮.铁庵集[M]//影印文渊阁四库全书.台北:台湾商务印书馆,1986.

[76] 张九成.横浦集[M]//影印文渊阁四库全书.台北:台湾商务印书馆,1986.

[77] 楼钥.楼钥集[M].顾大朋,点校.杭州:浙江古籍出版社,2010.

[78] 游酢.游廌山集[M]//影印文渊阁四库全书.台北:台湾商务印书馆,1986.

[79] 李纲.李纲全集[M].王瑞明,点校.长沙:岳麓书社,2004.

[80] 张栻.张栻集[M].杨世文,点校.北京：中华书局,2015.

[81] 张守.毘陵集[M].刘云军,点校.上海：上海古籍出版社,2018.

[82] 王鏊.姑苏志[M]//影印文渊阁四库全书.台北：台湾商务印书馆,1986.

[83] 龚明之.中吴纪闻[M].孙菊园,校点.上海：上海古籍出版社,1986.

[84] 胡宏.胡宏集[M].吴仁华,点校.北京：中华书局,1987.

[85] 李之仪.姑溪居士前集[M]//影印文渊阁四库全书.台北：台湾商务印书馆,1986.

[86] 许景衡.横塘集[M]//影印文渊阁四库全书.台北：台湾商务印书馆,1986.

[87] 陈长方.唯室集[M]//影印文渊阁四库全书.台北：台湾商务印书馆,1986.

[88] 张元干.芦川归来集[M]//影印文渊阁四库全书.台北：台湾商务印书馆,1986.

[89] 黄宗羲.明文海[M]//影印文渊阁四库全书.台北：台湾商务印书馆,1986.

[90] 谢旻,等.江西通志[M]//影印文渊阁四库全书.台北：台湾商务印书馆,1986.

[91] 蔡上翔.王荆公年谱考略[M].北京：中华书局,1959.

[92] 朱熹.晦庵先生朱文公文集[M]//朱杰人,严佐之,刘永翔.新订朱子全书(附外编).徐德明,王铁,校点.上海：上海古籍出版社,2023.

[93] 潘永因.宋稗类钞[M].北京：书目文献出版社,1985.

[94] 李濂.汴京遗迹志[M].周宝珠,程民生,点校.北京：中华书局,1999.

二、今人著作

[1] 陈乐素.求是集[M].广州：广东人民出版社,1984.

[2] 李华瑞.宋史论集[M].保定：河北大学出版社,2001.

[3] 中国历史大辞典·宋史卷编纂委员会.中国历史大辞典·宋史卷[M].上海：上海辞书出版社,1984.

[4] 杨倩描.宋代人物辞典[M].保定：河北大学出版社,2015.

[5] 漆侠.王安石变法[M]//漆侠全集：第二卷.保定：河北大学出版社,2008.

[6] 罗家祥.北宋党争研究[M].台北：台湾文津出版社,1993.

[7] 漆侠.宋代经济史[M]//漆侠全集：第三卷、第四卷.保定：河北大学出版社,2008.

[8] 李华瑞.宋夏关系史[M].石家庄：河北人民出版社,1998.

[9] 虞云国.宋代台谏制度研究[M].上海：上海社会科学院出版社,2001.

[10] 潘桂明.中国居士佛教史[M].北京：中国社会科学出版社,2000.

[11] 邓广铭.邓广铭治史丛稿[M].2版.北京：北京大学出版社,2010.

三、参考论文

[1] 罗家祥.元祐新旧党争与北宋后期政治[J].中国史研究,1989(1):82-89.

［2］陈乐素.流放岭南的元祐党人［M］//求是集：第二集.广州：广东人民出版社，1984.

［3］阮廷焯.从《陈忠肃公年谱汇校补遗(简本)》试观其从政生活及当时党争之烈［C］//国际宋史研讨会论文集.台北：文化大学出版部，1988.

［5］李华瑞.从《续资治通鉴长编》注文看李焘对王安石变法及其新法的态度［J］.文史，2001(2)：193-203.

［6］孔学.王安石《日录》与《神宗实录》［J］.史学史研究，2002(4)：39-47.

［7］张其凡,金强.陈瓘与《四明尊尧集》：北宋哲徽之际党争的一个侧面考察［J］.浙江大学学报，2004(3)：111-119.

［8］陈秋妮,马茂军.陈瓘及其稽古思想研究［J］.安康学院学报，2014(1)：92-97.

［9］阮怡.新历史主义视野下的王安石形象的书写：以《老学庵笔记》与《四明尊尧集》为例［J］.江西科技师范大学学报，2016(4)：111-116.

［10］连凡.论《宋元学案》对二程弟子的评价：以尹焞、王苹、吕大临、陈瓘、邹浩为例［J］.安康学院学报，2017(5)：19-24.

［11］吴增辉.北宋后期的政治变动与陈瓘晚年由儒而佛的思想嬗变［J］.河北科技大学学报，2018(4)：66-71.

［12］黄文翰.陈瓘佛学思想管窥［J］.新宋学，2018(7)：366-378.

［13］武建雄.宋代"稽古之学"考论及其学术史意义：从陈瓘奏议说开去［J］.北京社会科学，2019(5)：97-105.

［14］张家伟.从政事到学术：徽宗时期王安石批判的重心转变.华东理工大学学报，2021(5)：423-433.

［15］张健.从配享到削祀：王安石的孔庙位次与王学升降［J］.北京大学学报，2022(3)：56-68.

［16］金雷磊.陈瓘《尊尧集》的出版控制与作者心态［J］.许昌学院学报，2018(11)：41-43.

［17］杨高凡.《宋陈肃公言行录》版本考［J］.青年文学家，2019(35)：73-75.

［18］杨高凡.宋代陈瓘及其作品考辨［J］.河北大学学报，2020(1)：11-19.

［19］张其凡,金强.陈瓘年谱［J］.暨南史学，2002(1)：112-132.

［20］杨高凡.陈瓘年谱［J］.宋史研究论丛.2020(1)：372-407.

［21］陈亚玲.陈瓘与《四明尊尧集》研究［D］.上海：华东师范大学，2021.

［22］屈亚楠.两宋之际陈渊研究［D］.上海：上海师范大学，2022.

［23］荒木见悟.陈瓘について［M］//中国思想史の诸相.福冈：中国书店，1989.

［24］平田茂树.有关〈王安石日录〉的研究［C］.兰州：2002年兰州国际宋史研讨会，2002.

［25］汪天顺.章惇研究［D］.保定：河北大学，2002.

［26］陶丰.王安石新学兴废述［J］.新宋学，2001(1)：325-344.

［27］高纪春.宋高宗朝初年的王安石批判与洛学之兴［J］.中州学刊，1996(1)：140-145.

后　记

本书是在我多年前硕士毕业论文《陈瓘研究》的基础上进一步加以修订、完善而成。

2001年9月,我考入河北大学宋史研究中心攻读硕士学位,稍后在李华瑞老师的指导下开始了对宋史的学习。李老师当时正在开展"王安石变法研究史"这一课题的研究工作,他最初建议我围绕王安石入仕前这一时期来开展硕士毕业论文的写作。在经过一段时间的史料搜集后,我自己感觉还是难以驾驭,为此李老师又为我确定了《陈瓘研究》这一硕士毕业论文的题目,最终该论文在2004年初得以顺利完成。在该毕业论文的写作过程中,李老师从论文史料的搜集、结构的设计、内容的完善等多方面给予了我诸多的悉心指导和帮助,在此深表感谢!

在搜集史料的过程中,我曾两次前往国家图书馆白石桥分馆手抄《宋陈忠肃公言行录》,其间每日往返于北京印刷学院(大兴)和国家图书馆白石桥分馆之间,获得了好友周秋利的热心帮助。在国家图书馆白石桥分馆普通古籍部手抄《宋陈忠肃公言行录》一书缩微胶卷的过程中,由于当时自己"囊中羞涩",也就尽可能"原汁原味"地将该书抄录下来。这种手工抄录尽管颇为费时、费力,但也为自己的论文写作提供了较大帮助。

自硕士毕业后,自己总是感觉该论文中的部分内容还有待完善,但因其他事务的影响而一直无暇顾及。尽管如此,自己仍是一直对学界有关陈瓘这一人物的相关研究成果比较关注。此次出版,对相关内容予以补充、丰富并改正了部分观点。当然,这种"订正"可能还会存在一定的不足乃至错误,也诚请有关专家、学者能够不吝批评、指正。另外,在本书的写作过程中,也承蒙我的同学、好友杨高凡博士在史料等方面不吝帮助,在此深致谢意!在书稿校对中,部分书籍的查找多蒙河北大学宋史研究中心博士生李大秀、硕士生李沈洋的帮助,对此也一并感谢!

  本书的出版,获教育部人文社会科学重点研究基地河北大学宋史研究中心建设经费、河北大学中国史"双一流"学科建设经费、河北大学燕赵文化高等研究院学科建设经费资助。

  谨以此次《陈瓘研究》的出版,作为对自己最初求学的一种怀念和对众多师友的感谢!

郭志安
2024 年 8 月